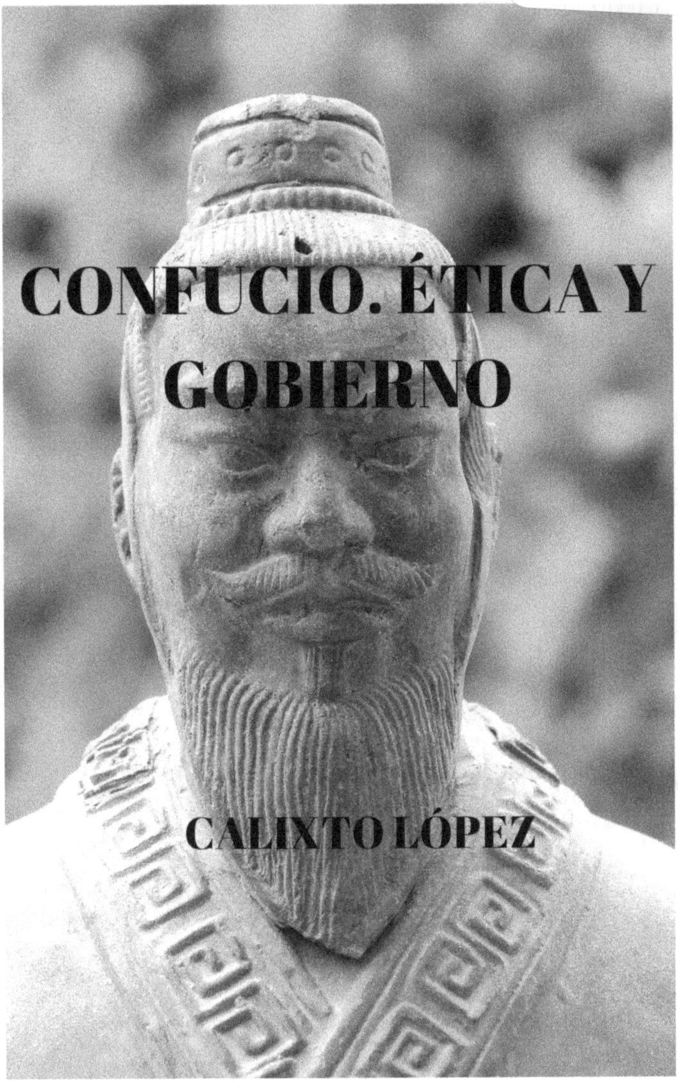

# CONFUCIO. ÉTICA Y GOBIERNO

## CALIXTO LÓPEZ

# CONFUCIO. ÉTICA Y GOBIERNO

## CALIXTO LÓPEZ

## (2018)

# CONFUCIO. ÉTICA Y GOBIERNO

## PRÓLOGO DEL AUTOR

Asistimos a un momento trascendental de la historia y del desarrollo y evolución de la especie humana, en que la sociedad en su conjunto, y el hombre en particular, se encuentran sumidos en una profunda crisis de valores motivada por los crecientes cambios estructurales de la forma de organización mundial: la globalización y las continuas y profundas crisis del sistema de producción capitalista, que prima y prevalece como formación socio-económica y cultural.

Otras formas socioeconómicas con un papel social y colectivista de la producción han fracasado y no han sido capaces de relevar al sistema capitalista, por lo que éste se mantiene como forma básica de dirección de la sociedad actual caracterizándose por la distribución desigual de los bienes de producción, siempre correspondiéndole la peor parte a las clases desposeídas, mientras los dueños y los que ostentan la dirección de estos medios se apropian de la mayor parte de los bienes de la sociedad, dejando en manos de los desposeídos lo mínimo y exclusivamente necesario para que se sigan reproduciendo y continuar este desigual e inhumano ciclo de existencia.

Es una especie de círculo vicioso en que participan explotadores y explotados y en el que los segundos siempre se llevan la peor parte, y esto no por inconsciencia, falta de cultura, poco espíritu de lucha u otra causa subjetiva, sino porque las instituciones que forman parte de la superestructura social están subordinadas y en manos de las clases privilegiadas.

Resulta a veces difícil de comprender como después de haber transitado por tantas etapas del desarrollo histórico de la humanidad y en un momento en que las fuerzas productivas han alcanzado un grado de desarrollo capaz de satisfacer las necesidades materiales y humanas de la sociedad en su conjunto, aún estén presentes en  muchas regiones del planeta el hambre, la desnutrición, la incultura, la discriminación y la ausencia de derecho a la educación y la salud, entre otros muchos males. El desbalance es tal que a veces se hace referencia al término, en esencia despectivo, de *"países del tercer mundo"* como los lugares donde imperan los males anteriores, incluyendo la falta de derecho.

¿Pero acaso ocurre que en las que se hacen llamar sociedades desarrolladas, o del primer mundo en correlación con las acabadas de mencionar, no se hallan  presentes ninguno de estos males? La respuesta es categóricamente no. En estos países, aunque en nada se pueden comparar sus instituciones con las del tercer mundo, se manifiesta también la desigualdad y la explotación brutal - ajustemos el término- disimuladamente brutal de unas clases sociales por otras.

Esta desigualdad de clases existente en cuanto a la forma de propiedad o no de los medios de producción, se manifiesta en el sentido que unas tienen privilegios a una educación de élite en instituciones privadas perfectamente equipadas, o a una asistencia sanitaria en iguales condiciones, además de tener prioridad en lo concerniente a acceder a los puestos de gobierno o de dirección de la sociedad, mientras que las otras están totalmente desfavorecidas en este sentido.

Aparentemente nos referimos sociedades "democráticas" donde la democracia no está totalmente equiparada. No hay igualdad de oportunidades para todos, por lo que muchas veces los jóvenes se les hace difícil, o imposible, acceder a una educación en correspondencia con los nuevos tiempos, y muchos de ellos se ven precisados a abandonar los estudios e interrumpir esta labor que debe llevarse a cabo durante toda la vida de forma constante, sistemática e ininterrumpida.

De manera, que las instituciones de cualquier forma de gobierno en el mundo actualmente adolecen, en mayor o menor medida, del hecho de que éstas responden a los intereses de las clases sociales predominantes, y los elementos de la superestructura social como la ética, la educación y la política también se encuentran dentro de esta subordinación.

Como toda forma viviente, el sistema social trata de reproducirse asimismo como si fueran moléculas de ADN que se replican una y otra vez de forma idéntica, para mantener la especie, en este caso el sistema social. A veces este fenómeno se ve bruscamente interrumpido por cambios, unos ocasionados desde dentro y otros desde fuera, como ocurre también en las células en la evolución ininterrumpida de las especies.

Estos cambios en la sociedad evidentemente han

mostrado progesos en lo que respecta a atenuar un tanto las desigualdades entre las personas y en el perfeccionamiento de las instituciones sociales y de gobierno, pero aún distan mucho de resolver los problemas a que hemos hecho referencia, y en esto incurren numerosos factores, pero preferimos centrarnos en uno de ellos: en los valores éticos que son constantemente omitidos, olvidados e incluso menospreciados, y que pueden conducir a la sociedad a un estado crítico que por el momento aún es reversible, pero que podría llegarse a  un grado tal de deterioro en que no responda a las leyes del equilibrio; y no quisiera imaginar siquiera por un instante el que un día nos viéramos sometidos a un régimen con altísimo desarrollo tecnológico pero regido por normas éticas y morales primitivas cercanas a la barbarie, no deseamos para la sociedad venidera un status así, por lo que se hace necesario, y yo afirmaría con urgencia, retomar los altos valores y principios éticos que deben primar en una sociedad moderna civilizada.

Sobre la base de altos valores éticos y morales, en correspondencia con una educación y política semejante, es que se puede seguir adelante por la senda del progreso, una sociedad en el que todas las instituciones y las personas que la dirigen encaminen sus esfuerzos a satisfacer las necesidades materiales y espirituales de la sociedad en su conjunto, con igualdad de derechos y oportunidades para todos los ciudadanos, y en perfecto equilibrio y armonía, por lo cual hemos retomado las doctrinas de  Confucio, una figura relevante de la historia que fue maestro y artífice en mantener este equilibrio, para que la balanza se mantenga en su fiel y podamos todos disfrutar de los logros heredados de nuestros antepasados a lo largo del devenir histórico de la humanidad.

# CONFUCIO ÉTICA Y GOBIERNO

## INTRODUCCIÓN

Que tal si designaran a un individuo cualquiera para una labor de dirección y éste quisiera llevarla a cabo de forma eficiente y manteniendo un alto perfil ante los subordinados. Nos referimos a una labor ejecutiva en una empresa, o aún más importante, en el mundo de la alta política, al frente de una ciudad, una provincia, una comunidad, incluso un país entero. Indudablemente uno de sus primeros pasos sería prepararse concienzudamente para la función que va a realizar, y como primera fase vaciar las estanterías de libros y revistas, las hemerotecas y cuanto medio de información le fuese útil en la labor futura.

Dependiendo de su grado de erudición puede que en todo este proceso de preparación estudiaría la labor de grandes estadistas como Pericles, Washington y Churchill, entre otros; filósofos como Sócrates, Platón y Aristóteles e incluso grandes conquistadores como Alejandro Magno y Julio Cesar, también, por qué no consultar "El príncipe" de Maquiavelo, entre otros clásicos. De todos ellos extraería notables conclusiones, pero seguro estamos que quedaría una figura olvidada: sencilla, mesurada, parca al hablar, reflexiva y respetuosa, pero inquisitiva en sus criterios, tal vez la primera de todas en la historia en fijar su atención en estos temas, en los que por otra parte no pudo descollar en plena magnitud, más bien ocupó algún ministerio en un reino asiático de otros tiempos, nos referimos a K'ung Fu Tzu (Confucio), quien pese a eso sentó las bases de la política ética moderna en medio de las trabas sociales y de casta existentes en la dividida China del siglo VI antes de nuestra era, aún no consolidada como Estado.

Y así, sin consultar nada sobre el pensamiento del ilustre sabio, filósofo y maestro de la antigüedad, sin conocer nada de los *Cuatro libros Clásicos* ni de las *Analectas,* nuestro protagonista asumiría sus funciones con toda la solemnidad y grandilocuencia propia de tal acontecimiento de superación profesional y humana, aunque destinado desde un principio a un claro fracaso, porque para gobernar con justeza hay que cumplir un precepto básico: el de poner la ética, la moral, los principios como base sobre la que se sustentará el gobierno, y después, mucho después, formar un equipo de gobierno que se ajuste a estas reglas y compuesto, además, por las mejores y más destacadas figuras, al margen de su afiliación política, su discrepancia en ideas y todo lo que con esto se relaciona, y que comúnmente no se hace en nuestros días.

Claro, si pretende tener éxito tendría que salvar algunos incómodos obstáculos, como el dejar de lado a parientes y amigos que lógicamente se sentirían ofendidos por no ocupar un puesto en este gobierno, ¿Cómo no ceder a esta tentación y a la vez presión de su entorno tan cercano?, ¿cómo no pagar viejos favores, o premiar la constancia de algunos allegados aunque no estén preparados para ninguna función? De todas formas ejemplos sobran en la historia, y uno relevante es el de Napoleón que ubicó a sus parientes y allegados al frente de estados y ejércitos, y bien que lo pagó en casi todos, como en el caso de España, con su hermano José Bonaparte al frente del Estado.

En el posterior camino de la esfera de las decisiones aparecerán nuevos obstáculos; y un día para ocultar sus faltas o la ineptitud de algún subordinado de confianza, mentirá a sabiendas que trata de engañar, cuando al final el único engañado será él, porque ha faltado a la sacerdotisa vestal más relevante: la ética, la moral, la verdad. Porque de la misma manera que engaña, será engañado, y de la misma forma que se enriquece, otros lo harán en igual o en mayor medida, ya que de acuerdo con la experiencia popular lo que le hagamos a los demás, los demás no lo podrán hacer a nosotros, y es que en ésta y otras esferas de la sociedad aún están vigentes las leyes del viejo oeste y siempre hay uno más rápido y listo para ocupar el lugar.

La política y la ética no son la misma cosa, ni se puede subordinar una a la otra, son esferas diferenciadas de la superestructura y la conciencia social, cada una juega su rol, pero cuando absolutisamos una de ellas y abandonamos o descuidamos la otra, se crean intensos conflictos antagónicos, porque ambas, aunque diferentes, se encuentran estrechamente relacionadas entre sí; y hay una más: la educación, la formación ininterrumpida durante toda la vida de los individuos que conforman la sociedad, independientemente de su edad, clase y status social.

Y así con el tiempo, si no se mantiene la interrelación entre estos elementos: política ética y educación, comenzarán los fracasos, primero uno, después otro que se suma a los anteriores, hasta que éstos se hacen más frecuentes, y al final ocurre que se derrumba todo ese aparato de dirección que se edificó sobre una base frágil, incapaz de sustentarlo.

Que todos los gobernantes y aparatos de dirección no sucumben, es verdad, incluso algunos en que los errores y la falta de ética están de manifiesto, pero éstos, en el caso de la esfera política, corresponden a estados absolutistas, antidemocráticos, tiránicos, y esos tiempos por suerte ya pasaron, y los que aún se mantienen lo hacen cada día con mayor dificultad, pues el mundo vive inmerso en la globalización y si ésta es mala para muchas cosas, al menos hace que la opinión publica se divulgue con rapidez en todas direcciones y adquiera fuerza y magnitud como la de los huracanes, para barrer cualquier estructura podrida, o que no se adapte a los nuevos tiempos y las nuevas condiciones de vida.

¿Cuántos ejecutivos o dirigentes conocen la obra de Confucio?, o al menos, más que decir quien era, puedan exponer alguno de sus principios morales recogidos en sus diálogos intercoloquiales en las analectas, o en forma de aforismos.

¿Cuántos han llevado al pie de la letra el precepto del viejo sabio de que: *"Quien desea para los demás lo mismo que desearía para sí, y no hace a sus semejantes lo que no quisiera que le hicieran a él, éste posee la rectitud de corazón y cumple la norma de conducta moral que la propia naturaleza racional impone al hombre"?*

¿Quiénes han hecho suyo el lema: *"En un país bien gobernado, la pobreza es algo que avergüenza. En un país mal gobernado, la riqueza es algo que avergüenza?"*

Porque: *"La pompa y la ostentación sirven de muy poco para la conversión de los pueblos".*

¿Quién en su gobierno ha hecho suyo el hecho de: *"Eleva a las personas honradas y colócalas por encima de las no honradas, y ganarás el corazón de la gente"?*

¿Quiénes conocen los principales males que pueden afectar una forma de gobierno?, respuesta que dio Confucio ante la pregunta:

*"¿Qué son los Cuatro Males? El Maestro respondió: El terror que reposa en la ignorancia y en el crimen. La tiranía que exige resultados sin órdenes adecuadas. La extorsión, que se lleva a cabo a través de órdenes contradictorias. Los funcionarios que dan de mala gana a la gente lo que les es debido".*

Y así sucesivamente podríamos seguir formulando y contestándonos preguntas en relación con las doctrinas de gobierno de Confucio, el sabio chino de la antigüedad.

Pero entonces por qué seguir preguntándonos y no aplicamos y seguimos las doctrinas de Confucio u otras semejantes en su contenido humanista. Pues a veces no es por desconocimiento, sino porque algunas entran en contradicción directa con el egoísmo y las ambiciones personales, o hacen mantener una postura de sencillez y austeridad para la que no estamos preparados, o para la cual no hemos sido educados; pero esto último no puede ser una excusa, por cuanto los principios fundamentales de la educación y la pedagogía moderna parten, en su esencia, de que la educación es permanente durante toda la existencia del ser humano, como interpretó y expuso genialmente el héroe de la independencia de Cuba: José Martí" ya en el siglo XIX: *"La educación comienza en la cuna y termina en la tumba". Y* no lo expresaba alguien sin fundamento ni preparación, sino uno que fue maestro, escritor, poeta, periodista y una de las figuras intelectuales más relevantes de su época, e incluso de los conocidos como de la "Generación del 98". Pero más que todo, fue capaz de dar su vida por sus ideas después de un largo y penoso apostolado.

Los principios éticos y morales de José Martí coinciden plenamente con los del sabio chino de la antigüedad y mucho de lo orgulloso, emprendedor y valeroso de los ciudadanos de ese país, independientemente del lugar y las circunstancias en que se encuentren, se corresponden con los ideales de conducta y virtud de esta insigne figura émula en la modernidad del modesto sabio y filósofo chino que propagaba las ideas de: *justicia, libertad, responsabilidad, integridad, respeto, lealtad, honestidad, equidad, amor, solidaridad, humanismo, consideración, aceptación, reconocimiento, aprecio, hermandad, compasión, entre otros.*

Para algunos, **la ética y la moral** son doncellas cambiantes según las épocas, que pueden tomarse o violarse a su antojo. Para otros, y ahí deben esforzarse por tratar de incluirse los gobernantes, son *vírgenes vestales* que deben adorarse y respetarse por encima de leyes y preceptos. Cada cual puede elegir, pero yo censuro la primera y me adhiero a la segunda, como hizo el sabio maestro y filósofo chino K'ung Fu Tzu (Confucio), antes que todos nosotros. Su código aún sigue vigente, aunque no todos lo emplean y algunos, incluso, no lo conocen.

# CAPÍTULO I

## CONFUCIO Y EL BUEN GOBIERNO

Poco antes de morir, Confucio se encontraba triste, deprimido y victima de un estado que podemos llamar de *confusión*; había dedicado toda su vida a luchar por el bienestar de los seres humanos, bien con sus enseñanzas, su acción y sobre todo con su pensamiento, pero en esos momentos se encontraba lejos de su patria, el principado de Zhou, incomprendido por muchos, salvo por los discípulos que lo siguieron en su largo peregrinar por los reinos de China. Ahora uno de sus discípulos con puesto relevante en el gobierno de su región natal había acudido a su rescate y lo conducía en el triste retorno: pobre, viejo y cansado, con las fuerzas menguadas y con el desanimo y el temor de que su obra quedara

15

relegada al olvido y su vida no hubiese servido para nada.

Cualquiera en su situación hubiese padecido del mismo estado de ánimo, y Confucio pese a su grandeza de espíritu, tenacidad y perseverancia, era un ser humano más, destinado como muchas figuras relevantes de la historia a sufrir y padecer del martirio propio de los espíritus inmortales. Por ese camino transitarían posteriormente otras grandes figuras: Dante, Petrarca y Maquiavelo en el Renacimiento; Cristóbal Colón, el Gran Almirante sumido en la pobreza y el olvido al final de su vida, o Cervantes, el genial autor de Don Quijote, cuyo reconocimiento llegaría en épocas muy posteriores a su muerte.

Pero más que todos ellos está el del propio Jesucristo como figura histórica, delatado por uno de sus discípulos, renegado en un principio por los demás, y muerto en la cruz victima de sus doctrinas humanas y de justicia social; y hasta la propia María Magdalena quien fue junto a María, su madre, las únicas que tuvieron la valentía y el valor de acompañarlo hasta el final y contemplar todo su suplicio. De ella poco se habla en el Nuevo Testamento, no se le reconocieron sus méritos y la iglesia aún no ha otorgado a la mujer el papel que verdaderamente le corresponde en honor de estas dos extraordinarias mujeres. ¿Cuándo habrá sacerdotes mujeres? Dejamos la respuesta a las propias instituciones eclesiásticas.

Confucio no estuvo ajeno a estos injustos malabares del destino, al final de su vida creyó que sus esfuerzos habían sido en vano y que nunca se lograría establecer una sociedad justa e igualitaria para todos los hombres, independientemente de su estatus social al nacer. Amargo final el del sabio, que sin embargo, envuelve hoy con su doctrina armónica y espiritual lo mejor de los hombres y de la naturaleza humana.

Es precisamente el sentido eminentemente humano de la doctrina social de Confucio en sus diferentes aspectos: ético, educativo y político, lo que debe recabar la atención de los dirigentes en cualquiera de las esferas de la vida, ya sea en la económica, social o política.

Al profundizar en las ideas Confucionistas nos percatamos que éstas no son elementos dispersos y aislados en los disímiles materiales achacados al autor y sus discípulos, sino que en su conjunto forman un sistema con un elemento central que es *la ética y la moral,* y que incluso dentro de éstas, los valores se encuentran estrechamente relacionados, pues para su autor las virtudes no están solas ni existen de forma independiente, sino relacionadas con otras virtudes o valores humanos.

Sobrepasando el marco de la Ética, podemos darnos cuenta que aunque ésta constituye el eje central del Confucionismo como doctrina, se encuentra estrechamente relacionada con la Educación y sobre todo con la Política, porque en definitiva el objetivo del viejo maestro era básicamente formar hombres extraordinariamente preparados e imbuidos de elevados valores humanos y conocimientos, obtenidos mediante el esfuerzo personal y la educación, para dirigir una sociedad justa en la que los ciudadanos gozasen de todo el bienestar espiritual, físico y material posible.

Confucio estaba claro de que una sociedad justa solo

podía estar gobernada por individuos de elevados principios humanos seleccionados por sus méritos y capacidades, y provenientes de todos los sectores y estratos sociales, en contra de lo acostumbrado y normado, incluso sancionado hasta entonces, en aquella sociedad clasista de explotación despiadada de las clases más "inferiores" por las consideradas como "superiores".

Todos los esfuerzos de Confucio estuvieron destinados a introducir sus ideas altamente progresistas en los círculos de gobierno de la sociedad que le tocó vivir, pero a la que su condición social no le permitió entrar, y en esencia, ni acceder siquiera a puestos relevantes que le permitieran poner en práctica sus doctrinas. Esto no lo logró y seguramente sería una incertidumbre que lo acompañaría hasta su muerte, porque ni siquiera en los reinos vecinos se le permitió poner en práctica *tamañas ideas* que ponían en peligro los privilegios de las castas *"superiores"* que ostentaban el poder.

Sin embargo, a través de sus discípulos, las ideas confucianas germinaron y se dispersaron en todas direcciones propagándose por toda China, Asia y actualmente por todo el mundo, tal y como han llegado hasta nuestros días, con ese frescor y esencia humanística imprescindibles para enfrentar los retos de una sociedad tecnócrata y globalizada, para la que los valores éticos son respetados en la medida que no se opongan a sus intereses.

Por todo lo anterior, en este ensayo y en otros escritos anteriores, se hace especial énfasis en los aspectos básicos de la doctrina confucionista relacionados con el eje central de la teoría del ilustre pensador, dirigida al bienestar de la sociedad bajo la dirección de personas con elevada instrucción moral y cognoscitiva (*caballeros*), que pudiesen ejercer adecuadamente las funciones de gobierno en perfecta armonía con los intereses de toda la sociedad.

Para estos análisis es preferible emplear las fuentes clásicas en voz del propio Confucio o sus discípulos, que en definitiva fueron los que los escribieron y divulgaron, por lo que se hace referencia a sus aforismos o pensamientos extraídos cuidadosamente de *"Los cuatro libros clásicos" y las "Analectas"*. En todos los casos se han simplificado éstos, evitando los diálogos en que generalmente están escritos y planteándolos como frases o principios aseverativos.

El autor introduce un nuevo término: el de ***"Triángulo de Confucio"*** para explicar de forma clara y simplificada, mediante esta figura geométrica, la estrecha interrelación existente entre la Educación, la Ética y la Política, pilares básicos de la doctrina confucionista.

Se considera que las ideas confucionistas, por su alto contenido ético, pueden ser de considerable utilidad para aquellos que desean y buscan el perfeccionamiento de la sociedad humana y el bienestar de todas las personas en su desarrollo integral y armónico, al margen de las barreras sociales, económicas o de otro tipo, que impiden o dificultan el logro de la felicidad individual y colectiva del individuo en la sociedad actual globalizada y sumergida en múltiples y complejas contradicciones, algunas de ellas, al parecer, antagónicas.

Los gobernantes y dirigentes a cualquier instancia pueden contribuir más que nadie a hacer realidad los preceptos morales de igualdad, amor y fraternidad, expuestos por el viejo sabio de la antigüedad; y cuan hermoso sería encontrar adornando los escenarios de sus actos frases como éstas:

*La cortesía que debe presidir nuestras actuaciones cotidianas se fundamenta principalmente en el respeto y comprensión hacia todos*

*Resulta totalmente imposible gobernar un pueblo si éste ha perdido la confianza en sus gobernantes.*

*Da con tu persona al pueblo ejemplo de virtud, da con tu persona al pueblo ejemplo de laboriosidad. Nunca dejes de obrar así*

*Desde el hombre más noble al más humilde, todos tienen el deber de mejorar y corregir su propio ser.*

*Lo primero que debe mirar el jefe es que su conducta sea sencilla, recta y justa en todo momento; detener siempre en cuenta los consejos de los demás hombres, ha de controlar en todo momento sus propios actos, y nunca debe mandar despóticamente.*

*¿Cuál es la esencia de un buen gobierno? No resolver los asuntos con precipitación y no buscar el propio provecho.*

*Quien conquista a los hombres por la virtud, consigue que todos se sometan a él sin reservas y con corazón alegre.*

*Quien ocupa un cargo público y no puede cumplir*

*con sus obligaciones debe dimitir.*

*El pueblo desconfía de las leyes y de la administración; el pueblo ama los buenos ejemplos y los acertados consejos. Con unas leyes justas y una administración eficiente, se consigue aumentar las rentas del reino; con buenas enseñanzas y buenos ejemplos, se conquista el corazón de los súbditos.*

*El pueblo no valora el mérito de un buen gobernante. El buen gobernante encamina al pueblo hacia el bien con su sola presencia su acción es oculta e imperceptible como la de los espíritus. El influjo de su virtud se hace sentir por todas partes, como el de las sutiles fuerzas del cielo y de la tierra. La influencia de un buen gobernante no tiene límites.*

Porque en resumen: ... ***el amor a los hombres es la mejor arma para gobernar con eficacia.***

# CAPÍTULO II

## CONFUCIO: CÓDIGO DE GOBIERNO

*"Resulta totalmente imposible gobernar un pueblo si éste ha perdido la confianza en sus gobernantes".*

Durante la descomposición de la dinastía Zhow, sobre el 2500 a.n.e, los reinos feudales de China se encontraban enzarzados en continuas luchas y conflictos internos que desangraban y hacían ingobernable aquel vasto territorio. Era la llamada época de los "Estados Combatientes". Es estas circunstancias es que nace y vive el sabio, maestro, filosofo, y porque no decir político, K'unt Fut Tzu (Confucio). Político, porque aunque no ocupó relevantes cargos públicos o de gobierno durante una etapa significativa de su vida y del tiempo que le toco vivir, sí aportó más que cualquiera de los gobernantes de la época al fortalecimiento político del país mediante sus doctrinas e ideas que han llegado frescas e íntegras hasta nuestros días.

Confucio comprendió antes que nadie que los elementos básicos de la superestructura social no se comportan de modo independiente, sino como un sistema dinámico en el que algunos representan un papel central y otros subordinados. En este sentido consideraba que la política, el gobierno era un apéndice, una extensión de la ética según un precepto elemental: gobernantes nobles y justos tendrán súbditos obedientes con iguales virtudes.

La idea expuesta aunque tiende a disminuir el papel del gobierno, de la política en la superestructura social, no es totalmente descabellada, pues en efecto, una correspondencia como la anterior debía ser totalmente adecuada, máxime si se establece un proceso repetitivo y de retroalimentación entre ambos: gobernantes y gobernados, y una vía adecuada para formar esos dirigentes (*caballeros,* según el término adoptado por Confucio) independientemente de su procedencia social: la educación.

Sin embargo, la Historia demuestra que la cuestión no es tan simple y que raramente se encuentran esos gobernantes de conducta recta y de moral intachable que anteponen totalmente sus intereses individuales a los de la colectividad.

Visto esto, debía pensarse en Confucio como el hombre con una fe ciega en la ética y la moral  como la solución de todos los males, pero esto no fue así, el propio Confucio se percató que las desigualdades sociales solo podían abordarse desde el ángulo en que se interrelacionan y actúan los hombres entre sí, esto es, a través de la política, y ahí precisamente es donde puso sus miras y estableció el objetivo y conducta a seguir durante toda su vida.

La cuestión enfocada así parece bastante clara en ese método Confuciano de simplificar lo más complejo y llevarlo a la más elemental sencillez, para que pueda ser entendido con más claridad, tal como hacen muchos científicos al simplificar sus ecuaciones y llevarlas a la más mínima expresión, como ejemplo el del físico Albert Einstein que estableció como corolario en su Teoría Especial de la Relatividad de que la equivalencia entre la masa y la energía era simplemente la relación $\mathbf{E = mc^2}$

Se sobreentiende entonces, que si hay vida social tiene que haber formas justas de dirigir y organizar la sociedad, a través de la política y de los hombres que ejercen la función de gobernar.

Pero como eso no puede obtenerse de forma espontánea, según se percató el propio Confucio a lo largo de sus extensos y profundos estudios históricos, consideró entonces que en ello la ética y la moral podrían constituir la base sobre la que se sustentara una sociedad políticamente organizada, justa y humana.

La adecuada interacción entre la ética y la política, y el papel intermedio de la educación en este proceso, constituirían la clave para solucionar el enigma de la organización de los pueblos. Porque para él genial sabio chino cuando los gobiernos y los políticos se desorientan, el papel de los sabios es poner orden en el caos. Y es eso lo que se propone, y lo que al final no logra y no ha logrado nadie aún, ni los gobiernos democráticos más perfectos: **poner orden en el caos**.

Y para poner orden Confucio no confía en las leyes ni en el sistema jurídico y es que ha visto, vivido y sufrido tantas injusticias, que para él el gobierno es de los hombres, no de las leyes. Entonces aventura un elemento central de cohesión, de unión: la *ética*.

La cohesión de la sociedad la da la ética, los principios, *los ritos* como él los nombraba. Es preferible un gobierno de ritos que de leyes. Y no se puede negar que sus ideas son razonables como después casi copió al pie de la letra el enciclopedista Montesquieu en la Francia del siglo XVIII: *"Cuando un pueblo tiene buenas costumbres las leyes se convierten simples"*.

Entonces, poniendo siempre como fin la política sobre la base de los principios éticos, Confucio considera que los gobernantes deben dirigir y organizar la sociedad mediante la fuerza moral y que la esencia de los gobiernos yace en la confianza de sus ciudadanos.

Pero para que los ciudadanos tengan confianza en sus gobiernos éstos deben satisfacer sus anhelos y necesidades y cuando esto no ocurre, éste no tiene sentido, porque los gobernantes están para servir a los ciudadanos y el dirigente que no comprenda esta cuestión, o no la lleve a la práctica, no debe gobernar.

Para el viejo maestro la autoridad política debe asignarse y corresponder a los ciudadanos que estén más calificados y dotados de elevados principios éticos y morales, lo que se logra con el esfuerzo, el estudio, el sacrificio, la abnegación y no como una cualidad innata de los hombres al nacer por derivar o provenir de una casta en particular.

Esto visto así, constituye una idea peligrosísima para los gobernantes que han ascendido al poder por otras vías que no sean las democráticas, o los que se han amañado a ocupar un puesto de gobierno por vías no lícitas, o sin la debida preparación; por lo que la situación de Confucio se le debió haber complicado lo suficiente, como para que se le cerraran las puertas del poder y le fuese difícil acceder a un cargo de gobierno en correspondencia con su alta formación y capacidad.

Y es así que alguien con la genialidad y la alta capacidad de Confucio se vio relegado a un segundo plano y se le denegó prácticamente la posibilidad de ejercer funciones políticas. Pero el sabio no se amilanó, continuó fiel a sus ideas y doctrinas, ahora a través de la labor educacional, y elaboró un ingenioso código de gobierno, elemental, sencillo y elegante en que confluían tres factores de la Conciencia Social fuertemente entrelazados: *Política-Ética-Educación*.

Estos tres factores establecerían una especie de triángulo equilátero en el que en cada vértice, ángulo, o nodo de la base se encontrarían respectivamente *la educación y la ética, y en el superior la política*. A través de los lados de esta figura geométrica circularían las ideas o savia nutritiva que posibilitaría el orden y funcionamiento armónico de la sociedad.

En el primer vértice o nodo de la izquierda: ***la educación*** serviría para formar hombres superiores, ilustres con amplia formación moral y cognoscitiva (*caballeros*), que fueran capaces de dirigir la sociedad, con inteligencia, justeza y a través de su ejemplo personal permanente.

Estos individuos formados en los valores éticos (*la ética y la moral* ocuparían el otro ángulo de la base del triángulo) son los que ascenderían a la esfera de gobierno, ocuparían los cargos públicos, y dirigirían la política del país con el fin de lograr el bienestar de todos los ciudadanos.

Desde esa parte, o vértice superior del triángulo: *la política*, el tercer elemento, ejercería una acción protectora y de guía de la educación para que fortalecida ésta, se repitiera el ciclo de forma ininterrumpida, a la vez que velaría por el cumplimiento de las normas de moral y conducta justas para todos los ciudadanos, independientemente de su status social o riqueza. En la medida que el sistema funcionara, la base del triángulo podría ampliarse o reducirse, de acuerdo con el éxito o fracaso de los gobiernos. Si la base educativa y moral de la sociedad se incrementaba, en igual medida lo haría también la altura del triángulo y viceversa.

# TRIÁNGULO DE CONFUCIO

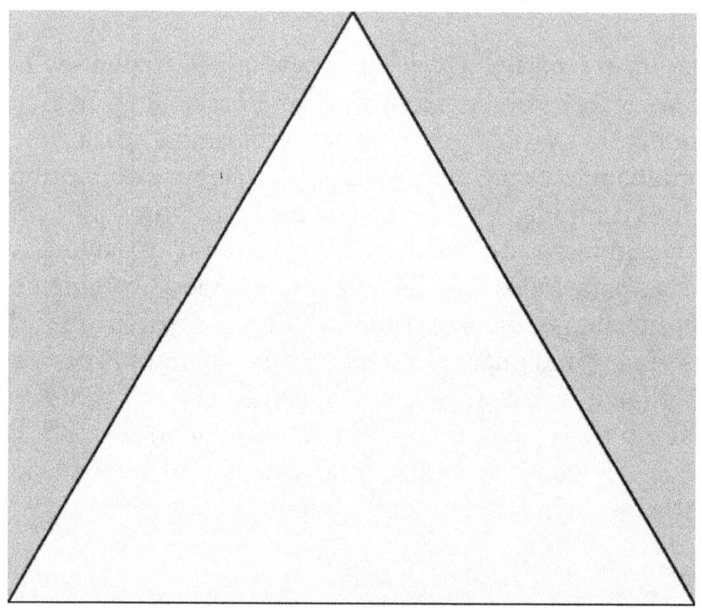


No sabemos exactamente los conocimientos de Geometría y Trigonometría del ilustre sabio y pensador chino, pero que de hecho este modelo triangular explica la interrelación existente entre los tres elementos de la superestructura social que hemos mencionado, y que han estado presentes en el relativo éxito que tuvieron los gobiernos chinos posteriores, sobre todo el de la Dinastía Han, que gobernó por más de cuatrocientos años siguiendo los originales cánones del confucianismo.

También ahora, hoy en día, los espectaculares éxitos alcanzados por los países asiáticos: China, Japón, Corea del Sur, Singapur y Taiwán, podrían verse influenciados por esta doctrina tradicional, así como el rápido avance en su desarrollo que está llevando a cabo Vietnam, partiendo de una industria y economía desbastada por la recién finalizada guerra

Claro está, que un solo factor, y al parecer tan elemental, no puede ser el único causante del desarrollo tan acelerado de estos países asiáticos, también ha sido necesario que asuman y se permeen de la cultura tecnológica y científica occidental, pero el permitir esto también pone de manifiesto la flexibilidad de la doctrina confucionista abierta al conocimiento, independientemente de su procedencia y con una marcada tendencia al equilibrio.

Resulta paradójico observar algunas cuestiones respecto al desarrollo del Confucionismo como teoría política y de gobierno, y es el hecho de que Confucio no pudo acumular en vida una experiencia significativa como gobernante y sus ideas fueron fruto de sus observaciones desde fuera del entorno político y de gobierno, y del estudio de las doctrinas anteriores recogidas por los pensadores que le antecedieron, en los albores de la civilización y con escasas fuentes escritas, generalmente sobre tablillas de bambú.

El que Confucio no asumiera o se destacara como gobernante, no respondía a los deseos e intenciones del sabio, que no era una figura pasiva y conservadora como a veces se le ha querido mostrar, sino un hombre de acción que se crecía ante las dificultades y en medios adversos, así como decidido a buscar nuevas vías para desarrollar sus ideas progresistas para su época, aunque él, personalmente: anhelaba, deseaba, ansiaba gobernar, por lo que expresó:

*"Si un soberano pudiera emplearme, en un año haría que las cosas funcionaran y en tres años se verían los resultados"*.

¿Qué hubiese ocurrido si finalmente Confucio hubiera tenido acceso al gobierno?, esto es algo difícil de contestar y mucho menos de imaginar, aunque es probable, que pese a la solidez y claridad de sus doctrinas, en su época no hubiese obtenido el éxito esperado, porque el hombre, el ser humano, es tan complejo en su proceder, que difícilmente una teoría por muy acabada que fuese y por muy bien que se tratase de poner en práctica, sería capaz de poner orden en el complejo proceder humano y garantizar con plena seguridad el obtener los resultados esperados.

Es curioso además, que nada de lo que ha llegado a nuestros días sobre las doctrinas de Confucio en relación al tema que abordamos, proceda directamente de la pluma de éste singular pensador, sino de sus discípulos, que educados en su brillante y prolongado magisterio si tuvieron oportunidad de acceder a la vida pública dotados de las enseñanzas del maestro. Enseñanzas, por otra parte, progresistas e innovadoras dentro de la época y despojadas en gran medida del lastre de la religión y de las diferencias de clases.

Consideramos que estos discípulos no solo redactaron las tesis del maestro, sino que también las enriquecieron con sus propias ideas y la experiencia de los años posteriores a la vida de Confucio, donde no solo se mantuvieron las contradicciones vigentes en la época de éste, sino que se intensificaron y agudizaron aún más.

Si analizamos la dinastía Zhou en el momento de la vida de Confucio, vemos que los aspectos básicos de la doctrina  de gobierno de los estados feudales que la componían no estaban entrelazados ni se apoyaban entre sí. La corrupción en las altas esferas era notoria, sin el ejemplo de los líderes, y sin una cultura de gobierno, o formación política, que les permitiera desarrollar adecuadamente las tareas y responsabilidades que tenían asignadas por la sociedad.

Estos gobiernos eran eminentemente clasistas y alejados de los intereses de las masas oprimidas y explotadas hasta niveles infrahumanos. El acceder a los cargos públicos le estaba vedado a las clases consideradas  inferiores y esto constituía un privilegio que se otorgaba por linaje, riqueza o cuna, sin tener en cuenta la capacidad de las personas que ejercerían el cargo, más propensas a participar en las actividades palaciegas que en atender los asuntos de Estado.

Está demás decir que a un gobierno así no le interesaría para nada preocuparse por la educación de las masas populares, muy por el contrario, prefería verlas sumidas en la más profunda ignorancia para que no se entrometieran en los asuntos de gobierno.

Este círculo vicioso que observó y vivió Confucio, de malos gobiernos que favorecían el ascenso de otros gobiernos igual de malos o peores, es lo que al parecer motivó a éste a combatirlo, pero como expresamos antes, no desde dentro, como parte de él, cuestión que no le fue posible, tal vez por su linaje, aunque antiguo, pero echado a menos, máxime para un niño huérfano a temprana edad y sumido en la más completa pobreza.

Confucio fue sin dudas un hombre de acción y muchas anécdotas hay en relación con esto, pero baste notar su valentía de tratar de encontrar ese espacio político donde poner en práctica sus ideas, incluso en otros reinos o principados que no fueran el pequeño reino de Lou donde vivía, lo que le obligó a viajar por diferentes estados, y a merced de muchos peligros, para tratar de encontrar ese espacio que le permitiera poner en práctica su doctrina.

Puede que por las razones anteriores, al no encontrar un espacio político propio, se dedicase aún con más vehemencia a la formación de sus discípulos, que instruyó en las diferentes esferas de la actividad humana, aunque principalmente en las relacionadas con el arte de gobierno, como economistas, administradores, estadistas, diplomáticos y todo lo necesario para que realizaran una eficiente labor dado el caso que les fuera posible acceder a gobernar como en efecto ocurrió con algunos.

De manera que cuando regresó: pobre, viejo, y cansado, después de viajar durante trece años por los reinos vecinos para morir en su país, dejó detrás de sí un numeroso grupo de discípulos bien formados e imbuidos de su doctrina que propiciaron que la misma se propagara dentro y fuera de China, y llegara fresca y lozana hasta nuestros días. Esta circunstancia es la que hace que muchas veces se simplifique el aporte histórico de Confucio relacionándolo exclusivamente con la labor magisterial, por la que se le ha dado el título de "Maestro Supremo", pero a nuestro juicio, puede que esto no baste para abarcar las múltiples facetas y la abnegada vida de lucha y sacrificios del ilustre pensador.

Porque aunque los aportes en la esfera educativa, en la moral y en la ética de Confucio, son sustanciales, no hay que olvidar que estaban dirigidos a un fin básico, que era la formación integral de personas ilustres, superiores (*caballeros*), capaces de gobernar con justeza a sus súbditos, para que a la vez estos correspondieran al sentirse bien gobernados y no hubiesen revueltas ni movimientos de masas marcados con la violencia; y todo transcurriese en total armonía para el bien y la prosperidad de las personas y los estados en particular. Por esto se recoge en uno de sus brillantes aforismos:

*"Si el gobernante se impone por sus cualidades y mantiene el orden en armonía con las buenas costumbres, el pueblo sentirá vergüenza de actuar mal y avanzará por el camino de la virtud"*.

Claro está que las personas que accedían a los puestos de gobierno en la época de Confucio no lo hacían por sus méritos y cualidades, más bien antes de nacer ya estaban designados para ostentar la función o cargo que iban a ejercer, independientemente de la falta de talento, formación, o las limitaciones humanas que pudiesen tener.

Este ideal de Confucio de conferir la dirección de la sociedad a los mejores ciudadanos, extraídos de todas las clases y que hubiesen demostrado un elevado espíritu de sacrificio, inteligencia, prudencia, paciencia, valentía, decoro, honradez y un sinnúmero más de virtudes o valores morales, está presente constantemente en su código político y de gobierno, y se reitera constantemente para que sea comprendido hasta por los oídos más sordos.

*"Para el buen gobierno de los reinos es necesaria la observancia de nueve reglas universales: el dominio y perfeccionamiento de uno mismo, el respeto a los sabios, el amor a los familiares, la consideración hacia los ministros por ser los principales funcionarios del reino, la perfecta armonía con todos los funcionarios subalternos y con los magistrados, unas cordiales relaciones con todos los súbditos, la aceptación de los consejos y orientaciones de sabios y artistas de los que siempre debe rodearse el gobernante, la cortesía con los transeúntes y extranjeros, y el trato honroso y benigno para con los vasallos"*

Los *"caballeros"*, entiéndase gobernantes, educados bajo el patrón de la doctrina confucionista, a pesar de su elevada formación y rectitud de principios, necesitarían ganarse la confianza de sus súbditos, lo que lograrían obrando con bondad, justicia y una actitud ejemplar en sus actos de gobierno y en su vida personal, por lo que expresa:

*"Resulta totalmente imposible gobernar un pueblo si éste ha perdido la confianza en sus gobernantes"*.

# CAPÍTULO III

## CONFUCIO HOY

El mundo globalizado moderno no escapa a las suspicaces observaciones del "viejo maestro", ni siquiera en medio del vertiginoso desarrollo de la sociedad con sus continuos avances tecnológicos, pues la esencia de sus doctrinas centradas en el triángulo Educación-Ética-Política muestra total vigencia, sobre todo cuando se descuida con demasiada frecuencia el papel de la educación y la ética en la sociedad.

No hay que ser muy suspicaz para darse cuenta que en estos tiempos se ha debilitado el rol de la familia en la educación y en el desarrollo de normas éticas por diversas razones, incluyendo la forma estresante de vida actual, donde la actuación de los seres humanos se realiza con frecuencia, de forma mecánica y bajo la presión del capital y el trabajo. Ese debilitamiento de la acción familiar puede ocasionar posturas y modos de actuación incorrectos, alejados de valores éticos, lo que confluye en diferentes conflictos entre padres e hijos y en la inclusión armónica de éstos en la sociedad.

La escuela no puede solucionar este singular problema, máxime si no es ajena a  los males que lo crean, y mucho menos los órganos jurídicos cuando la actuación de los niños y adolescentes sobrepasa los marcos de la legalidad y la justicia. A veces las soluciones llegan demasiado tarde, cuando la deformación en la conducta no puede dar un vuelco atrás y tomar el verdadero sendero o camino correcto.

La escuela, por lo demás, no pone como fin principal la formación de valores, aunque se trate de exponer lo contrario. Está demasiado imbuida de los fines y objetivos de una sociedad capitalista globalizada, sobre todo en lo referente a desarrollar la individualidad y la competitividad para formar individuos con posibilidades de obtener un puesto laboral en medio de la brutal competencia del modo de producción capitalista que prevalece en el mundo moderno.

Una educación sometida al capital, a las riquezas, es lo menos que hubiese deseado Confucio cuando elaboró sus doctrinas, pues el fallo de uno solo de los eslabones de la cadena de su triángulo imposibilitaría el funcionamiento rítmico y orgánico de su mecanismo de acción, con consecuencias imprevisibles, como se aprecia en la sociedad actual.

Si la educación es deficiente, si la formación de valores morales y éticos también lo es, está claro que la esfera de gobierno también lo estará, pues las personas que acceden a las funciones públicas son éstas, con deficiente formación de los principales valores del ser humano. Pero si además, muchos de los que acceden toman como slogan la posibilidad de enriquecerse más que el de llevar a cabo una labor humana honrada y sacrificada, y poniendo como fin el bienestar personal individual, abocamos indiscutiblemente a lo que observamos diariamente en los órganos de prensa y en general en todos los medios de comunicación, que constantemente informan sobre escándalos de corrupción, imposturas morales de los gobernantes, y muchos hechos más, que ponen de manifiesto que no todos los que ascienden a las funciones de gobierno son los ideales *"caballeros"* a los que se refería Confucio.

A menos que se tome conciencia a tiempo de la gravedad de este problema seguirá el eterno funcionar del triángulo de Confucio, pero deformado como figura y como modelo social y político. Porque en esencia, esta teoría sigue vigente a pesar de sus más de 2500 años de antigüedad.

Y si buscamos una solución a estos males, ésta debe comenzar desde la educación, cambiando el sentido o fin real, no el que se manifiesta teóricamente en los muchos modelos y sistemas que hay por el mundo, diferenciados todos, pero que en esencia actúan bajo la presión y la tutela del capital, por lo que con ellos no se podrán formar esos hombres capaces de dirigir la sociedad con el fin de alcanzar el bienestar de toda la humanidad, como quería el viejo sabio, maestro y filósofo chino, Confucio.

El aspecto primero en valorar de los que asuman cargos públicos, incluyendo a los funcionarios, debe ser el de sus propios valores éticos y morales, no el que sea un capitalista, dueño de empresa o pariente de un político como vemos en la actualidad, porque abunda mucho este tipo de situación, como si por obra y gracia del espíritu santo los ADN o genes de algunos hombres de gobierno, contagiara a sus familiares y todos ellos gozaran de la facultad de estar repletos de valores éticos obtenidos sin ningún esfuerzo, preparación y sacrificio.

La labor política, la ética, o educacional no es una profesión más como cualquier otra, sin demeritar el valor de las demás profesiones. Éstas precisan para los que la profesan de una formación y un apostolado donde la defensa del bien colectivo debe prevalecer del de ellos propios; si no como se podrá construir una sociedad justa y gobernar una población disciplinada, feliz, con las necesidades básicas resueltas en el orden espiritual y material.

¿Cómo creer que la sociedad no se manifieste de manera corrupta o interesada en demasía por los bienes materiales si los hombres de gobierno encabezan con frecuencia los titulares de los periódicos envueltos en casos de prevaricación y de corrupción? ¿Cómo puede pensarse que los ciudadanos de modesta condición social puedan acceder a dirigir la sociedad cuando en los órganos de gobierno se repiten constantemente apellidos por pertenecer a una misma familia en algo que se puede llamar nepotismo?

Las casualidades raramente existen, y en la historia son contados los casos en que los hijos de los grandes hombres hayan alcanzado similares méritos como los de sus padres en una rama determinada, como si fuese una molécula de ADN repetida y replicada de generación en generación. ¿Cómo es posible que este fenómeno se de exclusivamente en las esferas de gobierno, que la fuerza de atracción de las figuras políticas alcancen tal nivel de gravedad (como magnitud física) que las personas de su entorno familiar y personal se vean enriquecidos por conducción o convección a alcanzar tales valores éticos y morales?

Y ¿cómo es posible que la sociedad pueda permitirse estas situaciones, que no solamente tienen incidencia actual sino también futura, al repetirse o regenerarse constantemente estas graves faltas, poniendo en peligro la existencia y desarrollo de las personas e incluso, de la propia sociedad en su conjunto? ¿Es qué acaso fallan los principios confucianos o los establecidos por diferentes doctrinas ideológicas humanistas?

La respuesta es no, los que estamos fallando somos los hombres, los propios seres humanos, que en nuestra ceguera individual no nos percatamos que estamos destruyendo los valores de la sociedad civilizada que nos condujeron hasta aquí en un largo proceso evolutivo.

Cuentan que en las luchas por alcanzar la libertad y la independencia de un pequeño país del Caribe y como muestra de los valores inalienables de los seres humanos, uno de sus líderes respondió ante la falta de pertrechos que amenazaban con hacer inviable la contienda, que contaban con un arma más poderosa: *con la vergüenza* y que con ella sería suficiente para continuar la lucha.

***Vergüenza***, una palabra que encierra por si sola tantos valores éticos y principios morales,  es lo primero que hay que inculcar en los ciudadanos que accedan a los cargos de gobierno y con ello se estará cumpliendo el aspecto principal que encierra el código de Confucio en lo concerniente a la relación Ética-Educación y Política. Y si ésta se hecha en falta en las actuaciones de un gobierno o de un gobernante, los infractores deben ser inmediatamente relevados de sus funciones para que no haya peligro de contagio en el resto de los ciudadanos y con ello se hará un  gran favor a ese pueblo, a ese estado, y a la sociedad en su conjunto.

Empecemos con la ***vergüenza*** y ya veremos los resultados.

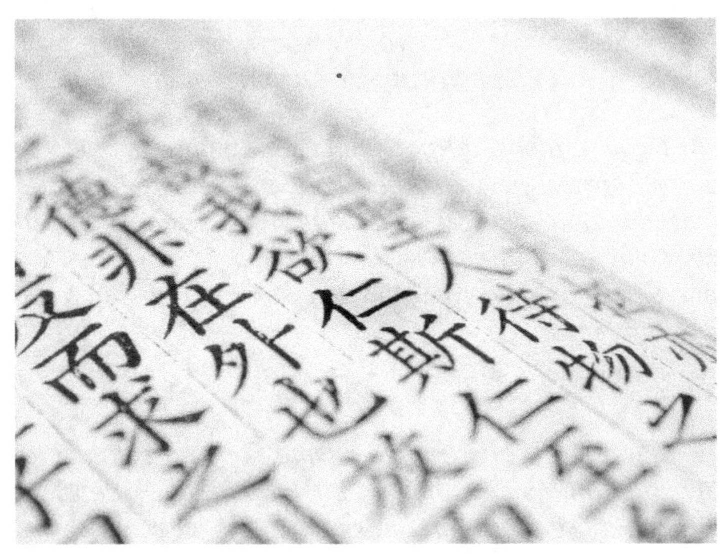

# CAPÍTULO IV

## AFORISMOS DE CONFUCIO SOBRE EL GOBIERNO

*-Aquel que se comporta con honor y, cuando se le envía en misión en las cuatro direcciones del mundo, no atrae la desgracia sobre su señor, merece ser llamado caballero. Sus parientes alaban su piedad filial y los vecinos de su pueblo elogian la forma en que respeta a los ancianos. ¿Y a continuación, si me atrevo a preguntar? Se puede confiar en su palabra; acaba todo lo que emprende. En esto, tal vez sólo muestre la obstinación de un hombre común, sin embargo, podría probablemente llamársele caballero de categoría inferior*

*-Antes de ocupar un cargo, los plebeyos deben profundizar primero en el conocimiento de los ritos y de la música, mientras que los nobles pueden dejarlos*

*para después. Si yo tuviera que nombrar funcionarios, elegiría entre los primeros.*

*-Al final se pierde el poder que se alcanza gracias al conocimiento, pero que no puede mantenerse a través de la bondad. Pero el poder que se alcanza gracias al conocimiento y que se mantiene a través de la bondad puede no ser respetado por los demás si no se ejerce con dignidad.*

*-Cuando el gobernante mismo obra rectamente, ejercerá influencia sobre el pueblo sin dar órdenes, y cuando el gobernante mismo no obra rectamente, todas sus órdenes serán inútiles.*

*-Cuando él (el soberano) es recto: las cosas marchan por sí mismas, sin necesidad de emitir órdenes. Cuando él (el soberano) no es recto: tiene que multiplicar las órdenes que de todos modos no son seguidas.*

*-Cuando el hombre prudente es elevado a la dignidad soberana, no se enorgullece ni envanece por ello; si su posición es humilde, no se rebela contra los ricos y poderosos.*

*-Cuando el reino es administrado con justicia y equidad, bastará su palabra para que le sea conferida la dignidad que merece; cuando el Reino sea mal gobernado, y se produzca disturbios y sediciones, bastará su silencio para salvar su persona*

*-¿Cuál es la esencia de un buen gobierno? No resolver los asuntos con precipitación y no buscar el propio provecho.*

*-Cuando el sabio toma una determinación, es imposible que el pueblo penetre en los verdaderos motivos de la misma. Cuando un príncipe se ve rodeado por hombres perversos, aduladores y servirles, ¿Acaso puede gobernar con acierto y eficacia?*

*-Cuando un hombre sirve a su señor cumpliendo con todos sus ritos, los demás piensan que es un adulador.*

*-Cuando se sirve al príncipe, la dedicación al deber debe ser prioritaria a cualquier pensamiento de recompensa.*

*-Como lugarteniente mío no hubiera escogido a quien lucha con tigres o atraviesa ríos sin sentir miedo. Más bien a alguien que estuviera lleno de temor antes de entrar en acción y prefiriera siempre una victoria lograda mediante la estrategia.*

*-**D**etesto que el púrpura sustituya al bermellón; detesto que la música popular corrompa la música clásica; detesto que las falsas lenguas hagan caer reinos y clanes.*

*-**E**l pueblo no valora el mérito de un buen gobernante. El buen gobernante encamina al pueblo hacia el bien con su sola presencia, su acción es oculta e imperceptible como la de los espíritus. El influjo de su virtud se hace sentir por todas partes, como el de las sutiles fuerzas del cielo y de la tierra. La influencia de un buen gobernante no tiene límites.*

*-El superior debe honrar y respetar la sabiduría de sus súbditos, y el inferior debe mostrarse respetuoso y cortés con sus superiores, en atención a la dignidad que ostentan; respetar la dignidad y honrar a los sabios son dos manifestaciones de un mismo deber.*

*-Es difícil ser príncipe, no es fácil ser súbdito. Una máxima que pudiera hacer entender al soberano la dificultad de su tarea estaría cerca de asegurar la prosperidad del país.*

*-El único placer de ser príncipe es no tener que padecer nunca la contradicción. Si tienes razón y nadie te contradice, está bien; pero si estás equivocado y nadie te contradice, ¿no es éste un ejemplo de una sola máxima que puede arruinar a un país?*

*-Es difícil encontrar a un hombre que pueda estudiar tres años sin pensar en alcanzar un puesto.*

*-En el sacrificio al Antepasado de la Dinastía, una vez que se ha hecho la primera ofrenda, no deseo ver el resto.*

*-El noble que pretende fundar una dinastía no aspira a ser elevado a la dignidad Imperial, sino que se limita a preparar el camino para sus descendientes; si la voluntad del cielo le es propicia, será elevado el mismo a la suprema dignidad*

*-El buen gobernante debe ser generoso sin caer en la prodigalidad; debe cobrar los impuestos suficientes para llevar una vida digna, sin caer en la codicia; su porte debe ser digno y grave, sin dejarse llevar por una vana ostentación; debe tener autoridad, sin que*

*su mando sea despótico; debe exigir con cautela la colaboración del pueblo en los trabajos públicos, para no suscitar su resentimiento.*

*-Eleva a las personas honradas y colócalas por encima de las no honradas, y ganarás el corazón de la gente. Si elevas a las personas no honradas y las sitúas por encima de las honradas, el pueblo te negará su apoyo.*

*-Es posible lograr que el pueblo siga al hombre bueno, pero nunca se le podrá forzar a que le comprenda.*

*-El cielo gobierna los acontecimientos del mundo sin ser visto; esta acción oculta del cielo es lo que se llama el destino.*

*-En público, compórtate siempre como si estuvieras ante un personaje muy distinguido; cuando debas dar alguna orden al pueblo, muestra el mismo respeto y dignidad como si estuvieras ofreciendo el gran sacrificio. No quieras para los demás lo que no quisieras para ti.*

*-¿Es posible servir a un príncipe en compañía de un canalla? Antes de alcanzar su posición, su único temor es el de no poder llegar a ella, y una vez que la obtiene, su único temor es poder perderla. Y cuando teme perderla, se vuelve capaz de todo.*

*-Guía a los funcionarios. Perdona sus errores. Promueve a los hombres de talento. Promueve a los que conoces (bien). Los que no conoces difícilmente permanecerán ignorados,*

*-**H**az feliz a la población local y atrae emigrantes de lejos*

*-**I**ncluso con un rey sabio, se necesitaría toda una generación para que prevaleciera la humanidad.*

*-**L**o que hacen los gobernantes es luego imitado por el pueblo. No puedes, por consiguiente, acusar ahora al pueblo de su proceder ni condenarle por ello, pues ha imitado lo que había aprendido de su príncipe; ha devuelto lo que se le había dado.*

*-Lo primero que debe mirar el jefe es que su conducta sea sencilla, recta y justa en todo momento; de tener siempre en cuenta los consejos de los demás hombres, ha de controlar en todo momento sus propios actos, y nunca debe mandar despóticamente.*

*-Los cuatro vicios relativos al gobierno son los siguientes: no instruir al pueblo y ocultarse la verdad, lo cual recibe el nombre de " tiranía "; exigir una conducta perfecta a todos los ciudadanos sin informarles previamente sus obligaciones, lo que recibe el nombre de " opresión "; no tener prisa en dar las órdenes y pretender luego que se cumplan en el acto, lo que representa una grave injusticia; buscar siempre el propio provecho, lo que recibe el nombre de "egoísmo".*

*-Los bárbaros que tienen gobernantes son inferiores a los diversos Estados de China que no lo tienen.*

*-Limítate a cultivar la piedad filial y sé bondadoso con tus hermanos, y ya estarás contribuyendo a la organización política." Esa es también una forma de acción política; no es necesario participar forzosamente en el gobierno.*

*-Los ministros de un príncipe virtuoso deben evitar tres faltas: la petulancia, consistente en hablar cuando nadie les ha pedido su opinión; la timidez, que consisten no atreverse a expresar su opinión cuando se les invita a ello; y la imprudencia, que consiste en hablar sin haber observado antes el estado de ánimo del príncipe.*

*Si respetáis vuestra propia persona y a todos nuestros semejantes, nadie podrá despreciaros; si sois generosos, os ganaréis el afecto del pueblo; si sois sinceros, nadie desconfiará de vosotros; si todos vuestros actos os aproximan al bien, vuestro mérito será grande; el amor a los hombres es la mejor arma para gobernar con eficacia.*

*-Los ministros se conocen por las personas a quienes acogen en su casa cuando están en la corte, y por las casas en que se alojan cuando están fuera de ella.*

*-Los reinos pequeños imitan a los poderosos, pero se avergüenzan de recibir órdenes de ellos y no quieren acatarlas.*

*-Los reinos perecen a causa de su interna descomposición antes de que los demás reinos los ataquen.*

*-Los asuntos que importan son: el pueblo, los alimentos, el duelo y los sacrificios.*
*La generosidad gana a las masas. La buena fe inspira confianza al pueblo. La actividad asegura el éxito. La justicia aporta alegría.*

*-Los ejemplos de bondad penetran con mayor profundidad en el corazón de los hombres que las buenas palabras; es más fácil obtener el afecto del pueblo obrando con rectitud y aconsejándole rectamente, que mediante una administración eficaz y unas leyes justas.*

*-No lo pudo hacer por medio de palabras, porque el Cielo no habla. El Cielo manifiesta su voluntad a través de los méritos y buenas acciones de los hombres. Esta es la única manera con que manifiesta su voluntad. El Cielo ve a través de los ojos del pueblo; el Cielo oye a través de los oídos del pueblo.*

*-No entrometeros en el proceder de un cargo que no sea el vuestro.*

*-No intentes acelerar las cosas. Ignora las pequeñas ventajas. Si aceleras las cosas, no alcanzarás tu meta. Si persigues las pequeñas ventajas, las grandes empresas no darán su fruto.*

*-Ningún caballero debería considerar lo que está por encima de su puesto.*

*-No os preocupéis si no ocupáis un cargo oficial, preocuparos más bien de no merecerlo. No os preocupéis de no ser famosos, sino más bien de no tener méritos para serlo.*

*-No puedo soportar la autoridad sin generosidad, la ceremonia sin reverencia, el duelo sin dolor.*

*-Para el buen gobierno de los reinos es necesaria la observancia de nueve reglas universales: el dominio y perfeccionamiento de uno mismo, el respeto a los sabios, el amor a los familiares, la consideración hacia los ministros por ser los principales funcionarios del reino, la perfecta armonía con todos los funcionarios subalternos y con los magistrados, unas cordiales relaciones con todos los súbditos, la aceptación de los consejos y orientaciones de sabios y artistas de los que siempre debe rodearse el gobernante, la cortesía con los transeúntes y extranjeros, y el trato honroso y benigno para con los vasallos.*

*-Para gobernar un Estado de tamaño medio, hay que despachar los asuntos con dignidad y buena fe; ser frugal y amar a todos; movilizar al pueblo sólo en los momentos adecuados.*

*-Podéis confiarle el cuidado de un huérfano, podéis confiarle el gobierno de todo un país; si lo ponéis a prueba, permanece inalterable. ¿Es alguien así un caballero? Sin duda, lo es.*

*-Para la defensa de un reino no son suficientes ni las fortificaciones que se construyan, ni los obstáculos naturales que representan las montañas y los ríos, ni la abundancia de armas. La mejor defensa de un reino consiste en la decidida voluntad de sus habitantes, la cual se conquista mediante un gobierno humanitario y justo.*

*-Quien pretenda someter a los hombres por la fuerza de las armas no alcanzará la sumisión de sus*

*corazones; por esto, la violencia nunca es suficiente para dominar a los hombres. Quien conquista a los hombres por la virtud, consigue que todos se sometan a él sin reservas y con corazón alegre.*

*-Quien ocupa un cargo público y no puede cumplir con sus obligaciones debe dimitir.*

*-Quien se controla a sí mismo y por el bien, no tendrá dificultad alguna para gobernar con eficacia. Al que no sabe gobernarse a sí mismo, le resultará imposible ordenar la conducta de los demás hombres.*

*-Quien gobierna mediante la virtud es como la estrella Polar, que permanece fija en su casa mientras las demás estrellas giran respetuosamente alrededor de ella.*

*-Quien no tenga un cargo en el gobierno, no discute su política.*

*-Quien es fuerte permanece firme; quien se siente inadecuado se retira. ¿Qué clase de ayudante es aquel que no puede sujetar a su señor cuando vacila ni apoyarlo cuando se cae? Además, lo que dijiste es falso. Si un tigre o un rinoceronte se escapan de su jaula, si se rompe en su cofre una concha de tortuga o un jade, ¿nadie será responsable de ese accidente?*

*-¿Qué son los Cuatro Males? El Maestro respondió: El terror que reposa en la ignorancia y en el crimen. La tiranía que exige resultados sin órdenes adecuadas. La extorsión, que se lleva a cabo a través de órdenes contradictorias. Los funcionarios que dan de mala gana a la gente lo que les es debido.*

*-Resulta totalmente imposible gobernar un pueblo si éste ha perdido la confianza en sus gobernantes.*

*-Regula los pesos y las medidas, restablece los cargos que han sido abolidos, y la autoridad del gobierno llegará a todas partes. Restaura los estados que han sido destruidos; reanuda las líneas dinásticas interrumpidas, reinstala a los exiliados políticos y ganarás el corazón del pueblo en todo el mundo.*

*-Si el gobernante se impone por sus cualidades y mantiene el orden en armonía con las buenas costumbres, el pueblo sentirá vergüenza de actuar mal y avanzará por el camino de la virtud.*

*-Si un gobernante rectifica su propia conducta, el gobierno es asunto fácil, y si no rectifica su propia conducta, ¿cómo puede rectificar a los demás?*

*-Si los hombres con canas pueden cubrirse con vestidos de seda y comer carne, si los jóvenes de negros cabellos dejan de padecer hambre y frío, la vida del reino será próspera. No ha existido ni un solo príncipe que obrando así haya dejado de alcanzar autoridad sobre su pueblo.*

*-Si un rey no gobierna con rectitud, es decir, si no colma de beneficios a su pueblo, es porque no quiere y no porque no pueda.*

*-Si un príncipe se entristece por las desgracias de su pueblo, los súbditos también sentirán pesar por las tristezas de su príncipe. Si el príncipe se alegra con la felicidad de su pueblo, y hace suyas las penalidades*

*de sus súbditos, no tendrá dificultad alguna en su gobierno.*

*-Si el príncipe es justo, nadie será injusto; si el príncipe es bondadoso, nadie será cruel.*

*-Si un soberano pudiera emplearme, en un año haría que las cosas funcionaran y en tres años se verían los resultados.*

*-Si dejas que la gente haga lo que es beneficioso para ella, ¿no estás siendo generoso sin tener que gastar? Si haces que la gente trabaje sólo en lo que es razonable, ¿quién se quejará? Si tu ambición es la humanidad y si la realizas, ¿qué espacio queda para la rapacidad? Un caballero trata igualmente a los muchos y a los pocos, a los humildes y a los grandes, presta la misma atención a todos: ¿acaso no es eso tener autoridad sin arrogancia? Un caballero se viste correctamente, su mirada es recta, la gente lo mira con respeto.*

*-**U**n caballero debería avergonzarse si sus obras no están a la altura de sus palabras.*

*-Un caballero aborrece a las personas que inventan excusas para sus acciones en lugar de afirmar sencillamente: "Es esto lo que quiero." Siempre he oído que lo que preocupa al cabeza del estado o al jefe de un clan no es la pobreza, sino la desigualdad, no la falta de población, sino la falta de paz. Porque si hay igualdad, no habrá pobreza, y si hay paz, no habrá falta de población. Entonces, si los habitantes que viven en tierras lejanas siguen resistiéndose a tu atracción, debes atraerlos mediante la fuerza moral de la civilización; y después, tras haberlos atraído,*

*hacerlos disfrutar de tu paz. Pero ahora, con vosotros dos como ministros, vuestro señor es incapaz de atraer a los habitantes de tierras lejanas, su país está socavado por las divisiones y la agitación, no puede mantenerlo unido por más tiempo.*

*-Un caballero no aprueba a una persona por expresar determinada opinión, ni rechaza una opinión por ser expresada por determinada persona.*

*-Un soberano debe tratar a su ministro con cortesía, un ministro debe servir a su soberano con lealtad.*

*-Un pueblo es fácilmente gobernado cuando sus superiores cultivan las costumbres sociales.*

*-Un gran ministro es un ministro que sirve a su señor siguiendo la Vía y que dimite cuando ambos son irreconciliables.*

*-Un caballero no descuida a sus parientes. No da la oportunidad a sus ministros de quejarse de que no se confía en ellos. Sin una grave causa, no despide a los viejos vasallos. De nadie espera la perfección.*

*-Un caballero gana primero la confianza de su gente y después puede movilizarla. Sin esa confianza, ésta se puede sentir utilizada. Primero gana la confianza de su príncipe y después puede presentarle críticas. Sin esta confianza, el príncipe puede sentir que está siendo calumniado.*

*-Un caballero es generoso sin tener que gastar; hace trabajar a la gente sin que ésta se queje; tiene ambición pero no rapacidad; posee autoridad, pero no arrogancia; es severo, pero no fiero.*

-*Yo no querría hacer a otros lo que no quiero que me hagan a mí.*

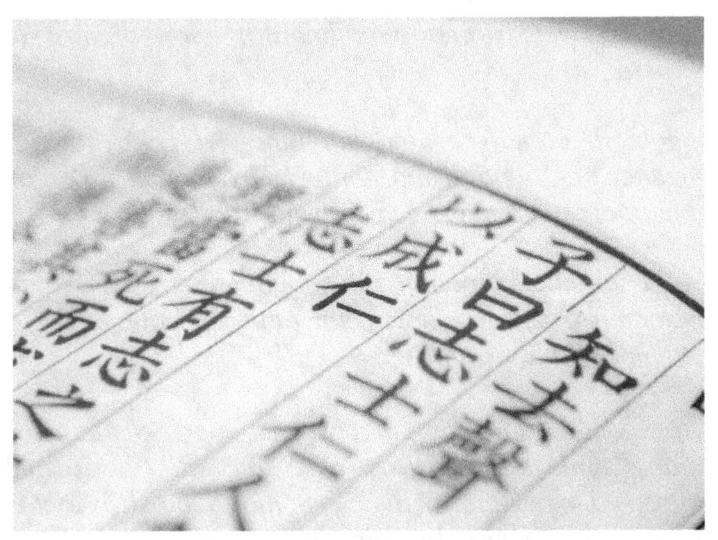

# CAPÍTULO V

## CONFUCIO: GOBERNANTES (CABALLEROS), NORMAS Y CONDUCTA.

*-Abordar una cuestión por el lado equivocado es sin duda dañino.*

*-Atrapado por la pobreza, un hombre valiente quizá se rebele. Si se le empuja demasiado lejos, también puede rebelarse un hombre sin moral.*

*-Algún dinero evita preocupaciones: mucho las atrae.*

*-Aquel que tiene cuanto basta siempre tiene bastante.*

*-Aún las profesiones más humildes son dignas de respeto.*

*-Amar la caballerosidad sin amar el conocimiento degenera en bandidismo. Amar la franqueza sin amar el conocimiento degenera en brutalidad.*

*-Amar el valor sin amar el conocimiento degenera en violencia. Amar la fuerza sin amar el conocimiento degenera en anarquía.*

*-Aprende a escuchar sin descanso para disipar tus dudas; mide tus palabras, para que nada de lo que digas sea superfluo; sólo de este modo lograrás evitar todo error. Obsérvalo todo, para prevenir los daños que pudiera ocasionarte una insuficiente información. Controla tus acciones, y así no tendrás que arrepentirte con frecuencia de ellas. En cuanto hayas conseguido que tus palabras sean normalmente rectas, y no debas arrepentirte con frecuencia de tus acciones, serás digno del cargo que ocupas.*

*-Asegura los derechos de la gente; respeta a espíritus y dioses, pero mantenlos a distancia: sin duda, esto es la sabiduría.*

*-Amar a todos.*

*-Basta una sola palabra acertada del noble para que se le considere entendido sobre una cosa, pero también basta que cometa un solo error para que se diga que no sabe nada. Por consiguiente, el noble debe vigilar mucho sus palabras.*

*-Buscáis el camino recto a lo lejos y lo tenéis junto a*

*vosotros. Creéis que el bien consiste en la realización de cosas difíciles, cuando no es más que realizar con rectitud las cosas fáciles.*

*-Buscar ante todo la rectitud de nuestras palabras, y ajustar luego nuestra conducta a ellas. Obrar siempre de acuerdo con la justicia, para perfeccionarnos cada día en su realización. Las inquietudes interiores provienen de desear la vida de quienes se ama, mientras que se desea la muerte de aquellos a quienes se podía, ya que ello es como desear al mismo tiempo la vida y la muerte de alguien. El hombre perfecto no pone su máxima aspiración en las riquezas.*

*-Cuando en un país reina el orden, es una vergüenza ser hombre pobre y común. Cuando en un país reina el caos, es una vergüenza ser rico y funcionario.*

*-Cuando el Cielo quiere conferir a alguien una difícil misión, antes pone a prueba la fortaleza de su ánimo y el equilibrio de su mente con las dificultades de una vida dura; fatiga sus músculos y todo su cuerpo con rudos trabajos, que ponen a prueba su resistencia; mortifica su carne y su piel con los rigores del hambre y del frío; les somete a las mayores privaciones de la miseria; determina que no tengan éxito en sus empresas para que se enfrenten con el fracaso. De este modo, el cielo estimula sus virtudes, fortalece su cuerpo y les hace aptos para afrontar las dificultades con que tropezarán en el cumplimiento de su alta misión. La dificultad es lo que más estimula al hombre a vencer sus deficiencias y superarlas. Sólo cuando se han padecido toda clase de privaciones y trabajos, sólo cuando se ha visto el rostro de la miseria, sólo entonces es posible conocer a fondo la naturaleza humana.*

*-Cuando se espera a un caballero, hay que evitar tres errores. Es imprudente hablar antes de haber sido invitado a ello. Es excesiva reserva no hablar cuando Se es invitado a ello. Es ceguera hablar sin observar la expresión del caballero.*

*-Conocer a todos.*

*-Cuando buenos hombres han gobernado el país durante cien años, puede superarse la crueldad y extirparse el crimen.*

*-Cuando el príncipe empieza a imponer castigos a sus funcionarios sin que hayan cometido delito alguno, los ministros prudentes se apresuran a abandonar el reino*

*-Cuando el pueblo es tan numeroso, ¿qué puede hacerse en su bien? Hacerlo rico y feliz. Y cuando sea rico, ¿Qué más puede hacerse por él? Educarlo.*

*-Cuando empecé a tratar con los hombres, escuchaba sus palabras y confiaba en que sus acciones se ajustarían a las mismas. Ahora, al tratar con los hombres, escucho sus palabras y al propio tiempo observo sus acciones.*

*-Conocer lo que es justo y no practicarlo es una cobardía.*

*-Cuando los castigos y las penas equivocan su blanco, las personas no saben dónde están.*

*-Cuando la naturaleza prevalece sobre la cultura, se tiene a un salvaje; cuando la cultura prevalece sobre*

*la naturaleza, se tiene a un pedante. Cuando naturaleza y cultura están en equilibrio, se tiene a un caballero.*

*-Cuando afronta el peligro, un caballero está preparado para dar su vida; la perspectiva de provecho no le hace olvidar lo que es justo; cuando celebra sacrificios, lo hace con piedad; cuando está de duelo, expresa su pesar. ¿Qué más se puede desear?*

*-Cuando los caballeros tratan a sus propios familiares con generosidad, las personas ordinarias son atraídas a la bondad; cuando no se olvidan los viejos vínculos, las personas ordinarias no son volubles.*

*-Cuando se emprenden guerras para conquistar nuevos territorios, los campos quedarán cubiertos por los cuerpos de las víctimas.*

*-Cuando empecé a tratar con los hombres, escuchaba sus palabras y confiaba en que sus acciones se ajustarían a las mismas. Ahora, al tratar con los hombres, escucho sus palabras y al propio tiempo observo sus acciones.*

*-Cuando el corazón se agita, se ofrenda rutinariamente. Por eso, sólo el sabio es capaz de agotar el sentido de la ofrenda. Nada es más digna de admiración en un hombre noble que el saber aceptar e imitar las virtudes de los demás.*

*-Cuando se está al servicio de un señor, la mezquindad atrae la desgracia; en las relaciones de amistad, la mezquindad atrae el distanciamiento.*

*-Contrólate a ti mismo hasta en tu casa; no hagas, ni aún en el lugar más secreto, nada de lo que puedas avergonzarte.*

*-Conocer lo que es justo y no practicarlo es una cobardía.*

*-Cuando el alma se haya agitada por la cólera, carece de esta fortaleza; cuando el alma se halla cohibida por el temor, carece de esta fortaleza; cuando el alma se halla embriagada por el placer, no puede mantenerse fuerte; cuando el alma se halla abrumada por el dolor, tampoco puede alcanzar esta fortaleza. Cuando nuestro espíritu se haya turbado por cualquier motivo, miramos y no vemos, escuchamos y no oímos, comemos y no saboreamos.*

*-Cuando permanecen muchas personas reunidas durante todo un día, no todo lo que se comenta es justo y equitativo. Es muy frecuente se hable sobre cosas vulgares y que abunden las conversaciones necias.*

*-Cuando la muchedumbre desprecia a alguien, debéis examinar con objetividad su conducta antes de emitir vuestra opinión. También cuando la multitud aclama a alguien, es preciso contemplar con imparcialidad sus obras antes de aprobarlas.*

*-Cuando el cielo nos envía calamidades, podemos superarlas; cuando las hemos buscado nosotros mismos, sucumbiremos ante ellas.*

*-Cualquiera que pueda expandir las cinco prácticas en todo el mundo aumentará la humanidad. — ¿Y cuáles son éstas? —La cortesía, la tolerancia, la buena fe, la diligencia y la generosidad. La cortesía*

*evita los insultos; la tolerancia gana todos los corazones; la buena fe inspira la confianza en los demás; la diligencia asegura el éxito; la generosidad confiere autoridad sobre los demás.*

*-¿Cómo podrían las palabras de amonestación dejar de obtener nuestro sentimiento? Lo principal, no obstante, debería ser realmente corregir nuestra conducta. ¿Cómo podrían las palabras de elogio dejar de deleitarnos? Sin embargo, lo principal debería ser realmente entender su propósito. Algunos muestran deleite, pero no comprensión, o asienten, sin cambiar su proceder. Realmente no sé qué hacer con ellos.*

*-**D**onde hay justicia no hay pobreza.*

*-Detesta a aquellos que se detienen en los defectos de los demás. Detesta a los subordinados que calumnian a sus superiores. Detesta a aquellos cuyo valor no está moderado por maneras civilizadas. Detesta a los impulsivos y obstinados.*

*-Detesto a aquellos que plagian fingiendo ser cultos. Detesto a los arrogantes que fingen ser valientes. Detesto a los maledicientes que pretenden ser francos.*

*-Desde el hombre más noble al más humilde, todos tienen el deber de mejorar y corregir su propio ser.*

*-Da con tu persona al pueblo ejemplo de virtud, da con tu persona al pueblo ejemplo de laboriosidad. - Nunca dejes de obrar así.*

-Deben imponerse castigos cuando convenga. La fidelidad no es contraria a una justa corrección

-Debíamos tener respeto para con los jóvenes. ¿Quién sabe si con el tiempo no llegarán a ser hombres iguales a los de hoy día?

-*Es* en medio del frío del invierno cuando podéis ver lo verde que son los pinos y los cipreses.

-Es más difícil ser pobre sin murmurar, que rico sin arrogancia.

-Estaría dispuesto a ejercer cualquier oficio si con él pudiera obtener grandes riquezas por medios honrados; si por el contrario, para enriquecerse debiera emplear medios deshonestos, preferiría seguir en la pobreza dedicándome a mis actividades favoritas.

-¿En qué consiste la bondad? En amar a todos los hombres. ¿En qué consiste la ciencia? En conocer a los hombres. El noble no expresa nunca su parecer sobre las cosas que no comprende. Busca la máxima precisión en sus palabras; esto es lo más importante.

-El hombre prudente es parco en el hablar pero activo en el obrar.

-Es preciso obrar con rectitud sin pensar en las consecuencias. No debemos omitir el cumplimiento de nuestros deberes, ni realizarlos antes de tiempo.

-El empleado que tiene tiempo libre, dedíquelo al estudio.

-El medio más eficaz para combatir nuestros vicios y malas inclinaciones consiste en no combatir los vicios y malas inclinaciones de los demás antes de haber eliminado los propios.

-El hombre superior no discute ni se pelea con nadie. Sólo discute cuando es preciso aclarar alguna cosa, pero aún entonces cede el primer lugar a su antagonista vencido y sube con él a la sala; terminada la discusión, bebe con su contrincante en señal de paz. Estas son las únicas discusiones del hombre superior.

-Exigid mucho de vosotros mismos, poco de los demás, y evitaréis la insatisfacción.

-El noble en la práctica se deja guiar por los «li» (costumbres).

-En este mundo sólo se pueden seguir dos caminos: el del bien o el del mal; no existe otra posibilidad.

-El mejor medio para alcanzar las virtudes de la justicia y la equidad consisten en dominar las pasiones. Quien se deja dominar por las pasiones es muy difícil que obre con justicia y equidad.

-El hombre de verdadera distinción es sencillo, honrado y amante de la justicia y del deber.

-El noble sólo busca la verdad y no se aferra con ciega obstinación a su criterio.

-El noble no se desentiende de sus semejantes.

*-El tiempo libre de la política debe dedicarse al conocimiento. El tiempo no dedicado a aprender debe dedicarse a la política.*

*-Enviar a alguien a la guerra que no ha sido apropiadamente instruido es mandarlo a la tumba.*

*-El caballero considera el todo en lugar de las partes. El hombre común considera las partes en lugar del todo.*

*-El noble no expresa nunca su parecer sobre las cosas que no comprende. Busca la máxima precisión en sus palabras; esto es lo más importante*

*-El noble promueve lo que tiene de hermoso el hombre, el vil lo que tiene de feo.*

*-El hombre noble conserva durante toda su vida la ingenuidad e inocencia propias de la infancia.*

*-El sendero recto no es seguido. Yo conozco la causa de ello. Los hombres instruidos lo rebasan; los ignorantes no lo alcanzan. Los hombres de virtud fuerte llegan más allá; los de virtud débil no llegan. El hombre de virtud auténtica persevera naturalmente en la práctica del medio igualmente alejado de los extremos.*

*-El hombre bondadoso es mesurado al hablar. El hombre noble es el que nunca sientes pesar ni temor. Sólo el que cuando se examina en su interior no encuentra nada malo puede verse libre de todo pesar y de todo temor.*

*-Es preciso conocer el fin hacia el que debemos*

*dirigir                    nuestras                    acciones.*
*En cuanto conozcamos la esencia de todas las cosas,*
*habremos alcanzado el estado de perfección que nos*
*habíamos propuesto.*

*-El error de un caballero es como un eclipse solar o*
*lunar. Comete un error, y todo el mundo lo advierte;*
*corrige su error, y todo el mundo lo admira.*

*-En los asuntos del mundo, un caballero no tiene una*
*posición predeterminada: adopta la posición que es*
*justa.*

*-El noble ante nada en el mundo adopta una actitud*
*cerrada en favor o en contra. Se adhiere únicamente*
*a lo justo. Está para todos y es imparcial. Ante lo que*
*no entiende suspende el juicio. Se caracteriza por*
*firmeza de carácter, pero no por obstinación. Es*
*tratable, pero sin intimar. Es seguro de sí, pero no*
*porfiado.*

*-El pueblo desconfía de las leyes y de la*
*administración; el pueblo ama los buenos ejemplos y*
*los acertados consejos. Con unas leyes justas y una*
*administración eficiente, se consigue aumentar las*
*rentas del reino; con buenas enseñanzas y buenos*
*ejemplos, se conquista el corazón de los súbditos.*

*-En un país bien gobernado, la pobreza es algo que*
*avergüenza. En un país mal gobernado, la riqueza es*
*algo que avergüenza.*

*-El buen líder sabe lo que es verdad; el mal líder sabe*
*lo que se vende mejor.*

*-El hombre vulgar es vano y orgulloso, aun cuando su*

*posición no sea elevada. Se halla muy cerca de la perfección el hombre que es constante, paciente, humilde y mesurado en el hablar.*

*-Es fácil trabajar para un caballero, pero no es fácil complacerlo. Si intentas complacerlo con actos inmorales, no estará complacido; pero nunca pide nada*
*Que esté más allá de vuestra capacidad. No es fácil trabajar para un hombre común, pero es fácil complacerlo. Intenta complacerlo, incluso con un proceder inmoral, y quedará complacido; pero sus demandas no conocen límites.*

*-El que domina su cólera domina su peor enemigo.*

*-El mayor defecto de los hombres consiste en preocuparse arrancar la cizaña de los campos ajenos, descuidando el cultivo de sus propios campos*

*- El hombre prudente es parco en el hablar pero activo en el obrar.*

*-¿En qué consiste la bondad? En amar a todos los hombres.*

*-El hombre que no medita y obra con precipitación, no podrá evitar grandes fracasos. Debes tener siempre fría la cabeza, caliente el corazón y tendida la mano.*

*-El caballero aprecia la justicia; el hombre común aprecia lo que le beneficia*

*-El que habla en exceso y sin cordura raras veces pone en práctica lo que dice. El hombre noble nunca teme que sus palabras superen a sus obras.*

*-El que sabe mantener un porte digno aun cuando se halla entre sus amigos, conseguirá que sus más íntimos amigos sientan un gran respeto hacia él.*

*-El silencio es el único amigo que jamás traiciona.*

*-El autocontrol rara vez le lleva a uno a equivocarse.*

*-El que acepta sufrir, sufrirá la mitad de la vida; el que no acepta sufrir, sufrirá durante su vida entera.*

*-El que no es fiel y sincero con sus amigos, jamás gozará de la confianza de sus superiores.*

*-El hombre que no medita y obra con precipitación, no podrá evitar grandes fracasos.*

*-El hombre que no examina cada día en su interior lo que debe hacer, lo que debe imitar, lo que debe aconsejar, y lo que debe reprochar, no hará nada bueno en su vida.*

*-El camino recto es como una ancha avenida; no es difícil encontrarlo cuando se busca, pero los hombres no se esfuerzan por descubrirlo.*

*-Eleva a las personas honradas y colócalas por encima de las no honradas, para que puedan corregirlas.*

*-**H**ay brotes que nunca llegan a flor, hay flores que nunca llegan a fruto.*

*-Habla con lealtad y buena fe, actúa con dedicación y respeto, e incluso entre los bárbaros tu conducta será*

*irreprochable. Si hablas sin lealtad y buena fe, si actúas sin dedicación y respeto, tu conducta será inaceptable, incluso en tu propio pueblo natal. Allí donde estés, debes tener presente siempre este precepto; hazlo grabar en el yugo de tu carruaje, y sólo entonces podrás avanzar.*

*-Hace mucho tiempo que tuve un amigo que practicó lo siguiente: competente, pero dispuesto a escuchar a los incompetentes; con talento, pero dispuesto a escuchar a los que carecían de él; poseyéndolo, parecía no tenerlo; aceptaba los insultos sin ofenderse.*

*-Incluso las disciplinas menores tienen sus méritos; pero quien tiene ante sí un largo viaje teme los cenagales, y por esta razón es por lo que un caballero no toma caminos poco frecuentados.*

*-Jamás he oído que un hombre que no actuara con rectitud lograse enderezar a los demás. Menos aún podría lograr que los demás fueran sinceros quien observara un comportamiento hipócrita.*

*-Las palabras han de expresar con fidelidad nuestro pensamiento*

*-La conversación superficial arruina la virtud. Las pequeñas impaciencias arruinan los grandes planes*

*-Las palabras sirven simplemente para comunicar.*

*-Las penas y privaciones agudizan la inteligencia y*

*fortalecen la prudencia.*

*-Las mejores palabras son aquellas que encierran un profundo significado y, al mismo tiempo, resultan comprensibles para todo el mundo.*

*-Los cien artesanos viven en sus talleres para perfeccionar sus artesanías. Un caballero continúa aprendiendo para alcanzar la verdad.*

*-La prudencia aconseja no indignarse cuando los hombres nos engañan, no entristecerse cuando son infieles. El hombre prudente prevé siempre estas eventualidades.*

*-Los principios esenciales no deben transgredirse. Los principios secundarios permiten algún compromiso.*

*-La pompa y la ostentación sirven de muy poco para la conversión de los pueblos.*

*-La razón para que un caballero prolongue su duelo es simplemente la siguiente: puesto que los manjares delicados le parecen no tener sabor, la música no le brinda ningún disfrute y la comodidad de su casa se le hace inconfortable, prefiere prescindir de todos esos placeres. Ahora bien, si tú puedes disfrutar de ellos, ¡adelante!*

*-Lo que desapruebes de tus superiores, no lo practiques con tus subordinados, ni lo que desapruebes de tus subordinados debes practicarlo con tus superiores. Lo que desapruebes de quienes te han precedido no lo practiques con los que te siguen, y lo que desapruebes de quienes te siguen no lo hagas*

*a los que están delante de ti.*

*- La cortesía que debe presidir nuestras actuaciones cotidianas se fundamenta principalmente en el respeto y comprensión hacia todos.*

*-Lo que está hecho, está hecho; pertenece todo al pasado, y no sirve para nada discutir.*

*-Las desgracias, al igual que la fortuna, sólo llegan cuando las hemos buscado con nuestros actos.*

*-La inconstancia y la impaciencia destruyen los más elevados propósitos.*

*-La madera podrida no puede ser tallada; las paredes llenas de estiércol no pueden ser alisadas.*

*-Las autoridades han perdido la Vía; el pueblo ha estado durante mucho tiempo sin guía. Cada vez que resuelvas un caso, hazlo con compasión y no con un sentimiento de victoria.*

*-Los hombres ambicionan las riquezas y los honores, pero si no es posible obtenerlos por medios honestos y rectos, deben renunciar a estos bienes.*

*-Los hombres huyen de la pobreza y de las injurias, pero, si no pueden evitarse por caminos honestos y rectos es preciso aceptar estos males.*

*-Las palabras en sí mismas son inocuas, pero sus consecuencias pueden ser funestas si son despectivas.*

*-La opulencia puede conducir a la arrogancia, y la frugalidad a la tacañería. Es preferible ser tacaños que arrogantes.*

*-La satisfacción lleva a la felicidad, incluso en la pobreza. Y la insatisfacción lleva a la pobreza, incluso en la riqueza.*

*-La felicidad no se encuentra en la cima de la montaña, sino en la manera de subirla.*

*-Los hombres viciosos procuran disimular sus faltas con apariencias de honradez.*

*-La generosidad consiste en repartir las riquezas entre los necesitados; la rectitud consiste en buscar el camino del bien a los descarriados; la bondad es la virtud que debe poseer el emperador para ganarse el afecto de todos sus súbditos.*

*-La perseverancia en el camino recto y la práctica constante de las buenas obras, cuando han alcanzado su prado máximo de perfección, producen óptimos resultados; del mismo modo, el fiel cumplimiento del deber dará lugar a beneficios sin límite, siendo su causa unas fuerzas de naturaleza sutil e imperceptible.*

*-Lo que la naturaleza une, la costumbre lo separa.*

*-La cortesía que debe presidir nuestras actuaciones cotidianas se fundamenta principalmente en el respeto y comprensión hacia todos.*

*-La humanidad es más esencial para la gente que el agua y el fuego. He visto a hombres perder su vida por rendirse al agua o al fuego; nunca he visto a nadie perder su vida por rendirse a la humanidad".*

*-La charla superficial y las maneras afectadas rara*

*vez son signos de bondad.*

*-Los defectos y faltas de los hombres dan a conocer su verdadera valía. Si examinamos con atención las faltas de un hombre, llegaremos a conocer si su bondad es sincera o fingida.*

*-Los que controlan en todo momento sus actos, raras veces se desvían del camino recto.*

*-Lamentablemente, nunca he visto un hombre capaz de ver sus propias faltas y de exponerlas ante el tribunal de su corazón.*

*-Los vicios vienen como pasajeros, nos visitan como huéspedes y se quedan como amos.*

*-Mi doctrina toda se resume en una sola cosa: «tchung» (el medio); o, acaso, en una sola palabra: «shu» (igualdad, reciprocidad, amor al prójimo).*

*-Mucho más excelente es la virtud del que permanece fiel a la práctica del bien, aunque el país se halle carente de leyes y sufra una deficiente administración.*

*-Manejado por maniobras políticas y contenido con castigos, la gente se vuelve astuta y pierde la vergüenza. Conducidos por la virtud y moderados por los ritos desarrollan el sentido de la vergüenza y de la participación.*

*-Mejor que el hombre que sabe lo que es justo es el hombre que ama lo justo.*

*-Nada es más digna de admiración en un hombre noble que el saber aceptar e imitar las virtudes de los demás.*

*-No he conocido a ningún hombre que obrara siempre de acuerdo con sus principios. Yo no hago a los demás lo que no quisiera que ellos hicieran conmigo.*

*-No es vuestro anonimato lo que debe perturbaros, sino vuestra incompetencia.*

*-No prever el engaño ni sospechar la mala fe, pero ser capaz de detectarlos inmediatamente, eso es sin duda sagacidad.*

*-No cultivar la fuerza moral, no explorar lo que he aprendido, la incapacidad de seguir lo que sé que es justo, y de reformar lo que no es bueno, todas éstas son mis preocupaciones.*

*-No siempre los caballeros logran la plenitud de la humanidad. Los hombres mezquinos nunca la logran.*

*-No dar importancia a lo principal, es decir, al cultivo de la inteligencia y del carácter, y buscar sólo lo accesorio, es decir, las riquezas, sólo puede dar lugar a la perversión de los sentimientos del pueblo, el cual también valorara únicamente las riquezas y se entregará sin freno al robo y al saqueo.*

*-Nadie debe comer sin habérselo ganado.-No puede ser bueno quien sólo piensa en acumular riquezas; no puede ser rico quien sólo piensa en practicar el bien.*

-Nuestras faltas nos definen. A partir de ellas se puede conocer nuestras cualidades.

-¿No sería más eficaz lograr que fueran innecesarios los juicios?, ¿No resultaría más provechoso dirigir nuestros esfuerzos a la eliminación de las inclinaciones perversas de los hombres?

-No te quejes de la nieve en el techo del vecino, cuando también cubre el umbral de tu casa.

-No todos los hombres pueden ser grandes pero pueden ser buenos.


-*O*dia a los que son viles y calumnian a quienes son superiores a ellos; odia a los valientes que no saben de normas de convivencia; odia a los fanáticos atrevidos que son gente estrecha de miras.


-*P*erdónaselo todo a quien nada se perdona a sí mismo.

-Para que pueda trabarse una verdadera amistad, es preciso prescindir de la superioridad que puedan otorgar la edad, los honores, las riquezas o el poder. El único motivo que nos debe incitar a la amistad es la búsqueda de las virtudes y el mutuo perfeccionamiento.

-¿Por qué, niños, no aprendéis las canciones? Las canciones sirven para elevarse, para atestiguar el propio valer, para aprender sociabilidad, para aprender a odiar, para servir en casa al padre y fuera de casa al soberano.

*-Poseer capacidad y talentos, y aceptar la opinión de los que carecen de ellos; tener mucho y aceptar la opinión de los que no tienen nada; ser rico y comportarse como siendo pobre; estar lleno y parecer vacío y desprovisto de todo; dejarse ofender sin manifestar resentimiento; en otro tiempo tenía un amigo que se comportaba así en la vida.*

*-Pon la lealtad y la fe por encima de todo lo demás y sigue la justicia. Así es como se acumula fuerza moral. Cuando amas a alguien, deseas que viva; cuando odias a alguien, deseas que muera. Ahora bien, desear al mismo tiempo que viva y muera es un ejemplo de incoherencia.*

*-Quien ha nacido en nuestros días y retorna a los modos de la antigüedad es un estúpido y labra su propia desgracia.*

*-¿Qué es lo más importante para alcanzar una conducta correcta? Ser sincero en todo momento y mantener siempre la palabra dada. Procurar que aún el menor gesto refleje la dignidad interior, y no cometer ninguna acción asombrosa. Si obras así, tu conducta será admirada en todos los lugares, aún entre los pueblos bárbaros. Por el contrario, si no eres sincero, si faltas a tus promesas, si tus gestos no son dignos o tus acciones son deshonrosas, tu conducta será despreciada tanto en una ciudad de 10.000 familias como en un villorrio de 35 vecinos.*

*-Quien desea para los demás lo mismo que desearía para sí, y no hace a sus semejantes lo que no quisiera que le hicieran a él, éste posee la rectitud de corazón*

*y cumple la norma de conducta moral que la propia naturaleza racional impone al hombre.*

*-Quien divulga las acciones viciosas de sus semejantes construye su propia ruina.*

*-Quien muestra cordialidad y una atención exigente, merece ser llamado caballero. La atención exigente hacia los amigos y la cordialidad hacia los hermanos.*

*-Quien ama a los hombres afianza a los hombres, pues él mismo desea ser afianzado; ayuda a los hombres a lograr éxito, pues él mismo desea lograr éxito.*

*-Quien no haya sentido nunca compasión hacia los demás no es en verdad un hombre, tampoco puede ser considerado verdadero hombre quien jamás haya experimentado los sentimientos de vergüenza y aversión; el que no posea los sentimientos de abnegación y respeto no puede ser considerado verdadero hombre; quien no distinga lo verdadero de lo falso, lo justo y lo injusto, no es un hombre.*

*-Quien para permanecer fiel a sus principios rechaza ser elevado a una condición honrosa permanece feliz aún sin honores. Quien para no apartarse del recto camino rechaza unas rentas permanece gozoso en su pobreza.*

*-Quienes adquieran riquezas por medios violentos e injustos del mismo modo las perderán por medios violentos e injustos.*

*-Quien ama a los hombres, es amado por ellos; quien los respeta es, a su vez, respetado. Supongamos que habiéndose portar con nosotros de una forma*

*descortés o grosera; si somos prudentes, lo primero que debemos preguntarnos es si con anterioridad hemos cometido alguna descortesía con dicha persona o si hemos sido injustos con ella; su actitud hacia nosotros debe de tener algún fundamento. Caso de que lleguemos a la conclusión de que no hemos cometido ninguna injusticia contra tal persona, sino que nos hemos mostrado siempre con ella bondadoso y corteses, debemos seguir analizando las posibles causas de actitud descortés o grosera. Si somos prudentes, debemos reflexionar si hemos cometido la menor incorrección en nuestra conducta. En el supuesto de que tampoco hayamos cometido incorrección alguna, entonces la descortesía o grosería del ofendido carece totalmente de fundamento y el hombre prudente, ante tal situación, debe concluir: " este hombre no es más que un extravagante y un necio; en nada se diferencia de una bestia, en cuyo caso, ¿por qué debe preocuparme la actitud o actos de una bestia?*

*-Quien se abstiene de lo que no debiera abstenerse es mejor que se abstenga de todo; el que trata con frialdad a quienes debiera tratar con ternura acabará tratando con frialdad a todo el mundo; quienes avanzan precipitadamente también retrocederán con la misma precipitación.*

*-**R**eflexionar con calma antes de adoptar ninguna determinación, no cansarse nunca de obrar el bien, y tratar cada asunto según convenga.*

*-Recoge mucha información, deja de lado lo que sea dudoso, repite con cautela el resto; entonces rara vez te equivocarás. Haz muchas observaciones, deja de*

*lado lo que sea sospechoso, y pon en práctica con cautela el resto; entonces tendrás pocas ocasiones de lamentarte. Con pocos errores en lo que dices y pocos lamentos en lo que haces, tu carrera está hecha.*

*-Realizar cuanto sea para el bien común, ¿No es ésta la mejor forma de generosidad? Desear únicamente las riquezas necesarias para la práctica de las virtudes propias de su dignidad, ¿Puede esto llamarse "codicia?" Si sus propiedades particulares no son demasiado grandes ni demasiado pequeñas, si se ocupa de los asuntos que no son ni muy importantes ni muy insignificantes, si se mantiene a cierta distancia de los hombres sin despreciar a nadie, ¿No es esto la dignidad exenta de orgullo? Si cuida su aspecto exterior, si es equilibrado y ecuánime en todos sus actos, el pueblo entero lo respetará sin experimentar temor, ¿No consiste en esto la autoridad libre de despotismo? Si sólo utiliza el trabajo de los súbditos para realizar lo que es razonablemente necesario, ¿Quién podrá experimentar resentimiento?*

*-Se puede calificar de hombre superior el que primero pone en práctica sus ideas, y después predica a los demás lo que él ya realiza.*

*-Si tú amas con locura las riquezas, no debes hacer otra cosa que compartirlas con el pueblo.*

*-Sólo un hombre benevolente puede amar y odiar a los demás.*

*-Sé cortés en la vida privada; reverente en la vida pública; leal en las relaciones personales. Incluso entre los bárbaros, no te apartes de esta actitud.*

- Si tenéis algún defecto, procurad corregirlo.

-Si uno se sabe de memoria las trescientas piezas del cancionero, pero cuando se le encargan las funciones de gobierno no es capaz de desempeñar (el puesto), o mandado en calidad de enviado al extranjero no se sabe contestar por sí mismo, ¿de qué sirve tanta erudición?

-Si quien gobierna no es justo, aunque ordene que se practique la justicia no será obedecido

-Si el príncipe es justo, nadie será injusto; si el príncipe es bondadoso, nadie será cruel.

-Si buscar la riqueza fuera un objetivo decente, la buscaría, aunque tuviera que trabajar como portero. Pero siendo como es, prefiero seguir mis inclinaciones

-Si la ganancia o el provecho se anteponen a la justicia, los súbditos nunca estarán satisfechos y el príncipe se hallará en un peligro constante.

-Se puede quitar a un general su ejército, pero no a un hombre su voluntad.

-Sed rígidos con vosotros mismos, pero condescendientes con los demás. De este modo os veréis libres de toda envidia y resentimiento.

-Siempre he oído que un caballero ayuda a los necesitados, no que haga aún más ricos a los ricos.

-Si sus mejores cultivan la justicia, el pueblo no se

*atreverá a desobedecer. Si sus mejores cultivan la buena fe, el pueblo no se atreverá a ser mentiroso. A un país así, la gente acudiría en masa de todas partes con sus bebés arropados en la espalda.*

*-Si el príncipe utiliza las rentas públicas para aumentar su riqueza personal, el pueblo imitará este ejemplo y dará rienda suelta a sus más perversas inclinaciones; si, por el contrario, el príncipe utiliza las rentas públicas para el bien del pueblo, éste se le mostrará sumiso y se mantendrá en orden.*

*-Sólo hay un medio de acrecentar las rentas públicas de un reino: que sean muchos los que produzcan y pocos los que disipen, que se trabaje mucho y que se gaste con moderación. Si todo el pueblo obra así, las ganancias serán siempre suficientes.*

*-Si antes de ponernos a hablar determinamos y escogemos previamente las palabras, nuestra conversación no será vacilante ni ambigua. Si en todos nuestros negocios y empresas determinamos y planeamos previamente las etapas de puesta actuación, conseguiremos con facilidad el éxito. Si determinamos con la suficiente antelación nuestra norma de conducta en esta vida, en ningún momento se verá nuestro espíritu asaltado por la inquietud. Si conocemos previamente nuestros deberes, nos resultará fácil su cumplimiento.*

*-Sin duda es un error no enmendar un error.*

*-Sólo quien no repara la falta que ha cometido incurre de veras en falta.*

*-Si te enfadas, piensa en las consecuencias.*

*-Sólo puede ser calificado como "vicioso" el que comete un acto deshonroso y no se corrige.*

*-**T**ener suficiente dominio de sí mismo para juzgar a los otros por comparación con nosotros mismos, y obrar en relación a ellos tal como desearíamos que obrasen con nosotros, a esto es a lo que puede llamarse doctrina de la humanidad; no hay nada más allá de esto*

*-Tres clases de placeres son provechosos; tres clases de placeres son dañinos. Es provechoso el placer de ejecutar los ritos y la música apropiadamente, el placer de elogiar las cualidades de los demás y el placer de tener muchos amigos de talento.*
*Es dañino el placer de exhibir el lujo, el placer de holgazanear y el placer de celebrar juergas libidinosas*

*-Tres clases de amigos son beneficiosos; tres clases de amigos son dañinos. Es beneficiosa la amistad con las personas rectas, dignas de confianza y cultas. Es dañina la amistad con personas tortuosas, halagadoras y falsas.*

*-Tan malo es pasar de la medida como no alcanzarla.*

*-Todo le es perdonado a quien no se perdona nada a sí mismo.*

*-**U**n caballero tiene principios, pero no es rígido.*

*-Un caballero hace amigos gracias a su cultura y con*

*ellos cultiva su humanidad.*

*-Un hombre que no se preocupa del futuro está condenado a preocuparse del presente.*

*-Un caballero aspira a la benevolencia, un hombre común aspira a los bienes materiales.*

*-Un hombre que valora la virtud más que la buena apariencia, que dedica toda su energía a servir a su padre y a su madre, que está dispuesto a dar su vida por su*
*Soberano, y que en la relación con sus amigos es leal a su palabra, aunque alguno pueda llamarlo inculto, yo seguiré manteniendo que es un hombre educado.*

*-Un caballero come sin llenar su vientre; escoge una morada sin exigir comodidad; es diligente en su trabajo y prudente en su hablar; busca la compañía de los virtuosos para corregir su propio proceder. De un hombre así puede decirse en verdad que tiene el deseo de aprender.*

*-Un pueblo sólo puede ser guiado por costumbres, no por saber.*

*-Un caballero puede estar mal informado, pero no puede ser seducido: puede ser engañado, pero no puede ser extraviado.*

*-Un caballero es tolerante y libre; un hombre del vulgo siempre está lleno de ansiedad y temor.*

*-Un caballero busca la armonía, pero no el conformismo. Un hombre común, busca el conformismo, pero no la armonía.*

*-Un caballero siempre se resiente por su incompetencia, no por su anonimato.*

*-Un caballero se preocupa por la posibilidad de desaparecer de este mundo sin haberse hecho un nombre.*

*-Un caballero se exige a sí mismo; un hombre común exige a los demás.*

*-Un caballero no aprueba a una persona por expresar determinada opinión, ni rechaza una opinión por ser expresada por determinada persona.*

*-Un caballero muestra autoridad, pero no arrogancia. Un hombre común muestra arrogancia, pero no autoridad.*

*-Un caballero presta atención en nueve circunstancias:*

*— Cuando mira, para ver con claridad.*
*— Cuando escucha, para oír sin confusión.*
*— En su expresión, para ser amistoso.*
*— En su actitud, para ser respetuoso.*
*— En sus palabras, para ser leal.*
*— En sus obligaciones, para ser responsable.*
*— Cuando duda, para cuestionar.*
*— Cuando está enfadado, para reflexionar sobre las consecuencias.*
*— Cuando obtiene un beneficio, para considerar si es justo.*

*-Un caballero respeta a los sabios y tolera a los mediocres; alaba a los buenos y tiene compasión por*

*los incaces. Si tengo una gran sabiduría, ¿a quién no toleraría? Si no tengo una gran sabiduría, las personas me evitarán; ¿cómo podría entonces evitarlas yo a ellas?*

*-Un caballero pone la justicia por encima de todo. Un caballero valiente, pero que no es justo, puede convertirse en un rebelde; un hombre del vulgo que es valiente, pero no justo, puede convertirse en un bandido.*

*-Un caballero produce tres tipos de impresiones: si lo miráis de lejos, parece severo. Si os acercáis, es amistoso. Si oís lo que dice, es incisivo.*

*-Un hombre digno debe ayudar a los necesitados, pero no aumentar los bienes de los ricos*

*-Un caballero debe ponerse en guardia contra tres peligros. Cuando es joven y la energía de la sangre está alterada, debe guardarse de la lujuria. En su madurez, cuando la energía de la sangre está en su plenitud, debe guardarse de la rabia. En la vejez, cuando la energía de la sangre decae, debe guardarse de la rapacidad.*

*-Un caballero se rige por tres principios que yo soy incapaz de seguir: su humanidad desconoce la ansiedad; su sabiduría carece de dudas; su valor desconoce el miedo.*

*-Un hombre no trata de verse en el agua que corre, sino en el agua tranquila, porque solamente lo que en sí es tranquilo puede dar tranquilidad a otros.*

*-Una posición eminente sin nobleza de carácter, culto*

*sin veneración, prácticas funerarias sin sincero dolor: he aquí situaciones que no soporto.*

*-Una lengua ágil crea muchos enemigos.*

*-Un hombre sobrevive gracias a su integridad. Si sobrevive sin ella, es pura suerte.*

*-Un hombre virtuoso da siempre buenos consejos; un hombre que da buenos consejos no es siempre virtuoso. Un hombre bueno siempre es valiente; un hombre valiente no siempre es bueno.*

*-Una promesa hecha a la ligera es difícil de cumplir.*

*-Un hombre recto, un hombre que practica la humanidad, no busca la vida a expensas de su humanidad; por el contrario, habrá ocasiones en que dará su vida para realizar su humanidad.*

*-Un artesano que desea hacer un buen trabajo debe afilar primero sus herramientas. En cualquier país en el que os establezcáis, ofreced vuestros servicios al más virtuoso de los ministros y haceros amigos de aquellos caballeros que cultivan la humanidad.*

*-Un hombre digno debe ayudar a los necesitados, pero no aumentar los bienes de los ricos.*

*-Un hombre feliz es un hombre que se conforma con poco.*

*-Venerar a dioses que no son vuestros es servilismo. No actuar cuando lo exige la justicia es cobardía.*

*-Yo podría dictar sentencias tan bien como cualquiera, pero prefiero hacer que los procesos sean innecesarios.*

*-¿Y con qué devolverás la bondad? Más vale devolver justicia por odio, y bondad por bondad.*

*-Yo deseo que los ancianos puedan disfrutar de la paz, los amigos disfrutar de la confianza y los jóvenes disfrutar del afecto.*

# CAPÍTULO VI

## ANALECTAS DE CONFUCIO RELATIVAS A LA POLÍTICA Y EL GOBIERNO

**VOLUMEN I. LIBRO 2 QUE SE REFIERE AL GOBIERNO.**

2.1. El Maestro dijo: "Quien gobierna mediante la virtud es como la estrella Polar, que permanece fija en su casa mientras las demás estrellas giran respetuosamente alrededor de ella."

2.2. El Maestro dijo: "Los trescientos *Poemas* se resumen en una sola frase: *No pienses mal*".

2.3. El Maestro dijo: "Manejado por maniobras políticas y contenido con castigos, la gente se vuelve astuta y pierde la vergüenza. Conducidos por la virtud y moderados por los ritos desarrollan el sentido de la vergüenza y de la participación."

2.4. El Maestro dijo: "A los 15 años me dediqué a aprender. A los 30, me establecí. A los 40, no tenía dudas. A los 50, conocí la voluntad del Cielo. A los 60, mi oído estaba sintonizado. A los 70, sigo todos los deseos de mi corazón sin quebrantar ninguna ley."

2.5. El señor Meng Yi preguntó sobre la piedad filial. El Maestro respondió: "No desobedezcas nunca". Cuando Fan Chi estaba conduciendo su carro, el Maestro le dijo: "Meng Yi me preguntó sobre la piedad filial y yo le respondí: *No desobedezcas nunc*a. Fan Chi preguntó: ¿Y esto qué significa? El Maestro respondió: "Cuando tus padres están vivos, sírveles de acuerdo con los ritos. Cuando mueran, entiérralos y celebra sacrificios de acuerdo con los ritos".

2.6. El señor Meng Wu preguntó sobre la piedad filial. El Maestro respondió: "La única ocasión en que un hijo consciente de su deber hace que sus padres se preocupen es cuando está enfermo".

2.7. Ziyou preguntó sobre la piedad filial. El Maestro respondió: "Se piensa que son hijos obedientes los que alimentan a sus padres. Pero también alimentan a sus perros y caballos. A menos que haya respeto, ¿dónde está la diferencia?".

2.8. Zixia preguntó sobre la piedad filial. El Maestro respondió: "Lo que importa es la actitud. Si los jóvenes prestan simplemente sus servicios cuando hay trabajo por hacer o dejan que sus mayores beban y coman cuando hay vino y comida, ¿acaso podría considerarse esto como piedad filial?

2.9. El Maestro dijo: "Puedo conversar todo el día con Yan Hui y nunca está en desacuerdo, así que parece torpe. Observadlo, sin embargo, cuando está solo: sus acciones reflejan plenamente lo que ha aprendido. ¡Oh, no, Hui no es torpe!"

2.10. El Maestro dijo: "Averigua las razones de un hombre para actuar, observa cómo actúa y examina en qué encuentra la paz. ¡Hay algo más que nos pudiera ocultar?".

2.11. El Maestro dijo: "Quien revisando lo viejo conoce lo nuevo, es apto para ser un maestro.

2.12. El Maestro dijo: "Un caballero no es una vasija."

2.13. Zigong preguntó qué era ser un verdadero caballero. El Maestro respondió: "Es quien sólo predica lo que practica."

2.14. El Maestro dijo: "El caballero considera el todo en lugar de las partes. El hombre común considera las partes en lugar del todo."

2.15. El Maestro dijo: "Estudiar sin pensar es inútil. Pensar sin estudiar es peligroso."

2.16. El Maestro dijo: "Abordar una cuestión por el lado equivocado es sin duda dañino.

2.17. El Maestro dijo: "Zilu, te voy a enseñar qué es el

conocimiento. Estar al tanto de lo que sabes y de lo que no sabes eso es ciertamente conocer."

2.18. Zizhang estaba estudiando con la esperanza de asegurarse un puesto de funcionario. El Maestro dijo: "Recoge mucha información, deja de lado lo que sea dudoso, repite con cautela el resto; entonces rara vez te equivocarás. Haz muchas observaciones, deja de lado lo que sea sospechoso, y pon en práctica con cautela el resto; entonces tendrás pocas ocasiones de lamentarte. Con pocos errores en lo que dices y pocos lamentos en lo que haces, tu carrera está hecha."

2.19. El duque Ai preguntó: "¿Qué debo hacer para ganarme el corazón de la gente?"
Confucio respondió: "Eleva a las personas honradas y colócalas por encima de las no honradas, y ganarás el corazón de la gente. Si elevas a las personas no honradas y las sitúas por encima de las honradas, el pueblo te negará su apoyo."

2.20. El señor Ji Kang preguntó: "¿Qué puedo hacer para que el pueblo sea respetuoso, leal y aplicado?" El Maestro respondió: "Acércate a él con dignidad y éste será respetuoso. Sé tu mismo un buen hijo y un padre bondadoso, y el pueblo será leal. Eleva a los buenos y entrena a los incompetentes, y todos cumplirán su deber con celo."

2.21. Alguien preguntó a Confucio: "Maestro, ¿por qué no participas en el gobierno?". El Maestro respondió: "En los *Documentos* se dice: Limítate a cultivar la piedad filial y sé bondadoso con tus hermanos, y ya estarás contribuyendo a la organización política. Esa es también una forma de acción política; no es necesario participar forzosamente en el gobierno.”

2.22. El Maestro dijo: “Si no se puede confiar en un hombre, no sabría qué hacer con él.
¿Cómo podrías tirar de un carro que no tuviera yunta o que no tuviera yugo?”

2.23. Zizhang preguntó: “Podemos conocer el futuro de diez generaciones?” El Maestro respondió: “La dinastía Yin tomó ritos de la dinastía Xia: podemos saber lo que se eliminó y lo que se añadió. La dinastía Zhou tomó ritos de la dinastía Yin: podemos saber lo que se eliminó y lo que se añadió. Si la dinastía Zhou tiene sucesores, podremos saber cómo será, incluso después de cien generaciones.”

2.24. El Maestro dijo: “Venerar a dioses que no son vuestros es servilismo. No actuar cuando lo exige la justicia es cobardía.”

**VOLUMEN VII. LIBRO 13 QUE SE REFIERE ESENCIALMENTE AL GOBIERNO.**

13.1. Zilu preguntó respecto al gobierno. El Maestro respondió: "Guíalos, anímalos." Zilu le pidió que desarrollase estos preceptos. El Maestro dijo: "[Hazlo] incansablemente."

13.2. Siendo Ran Yong administrador de la familia Ji, preguntó acerca del gobierno. El Maestro dijo: "Guía a los funcionarios. Perdona sus errores. Promueve a los hombres de talento." — ¿Cómo se reconoce a un hombre que tiene talento y merece ser promovido? El Maestro respondió: "Promueve a los que conoces [bien]. Los que no conoces difícilmente permanecerán ignorados" *.

13.3. Zilu preguntó: "Si el soberano de Wei te confiara el gobierno del país, ¿cuál sería tu primera iniciativa?" El Maestro respondió: "Sin duda sería rectificar los nombres". Zilu volvió a preguntar: "¿Lo harías realmente? ¿No es un poco inverosímil? ¿Para qué serviría esa rectificación?" El Maestro respondió: "¡Qué aburrido puedes llegar a ser! Allí donde un caballero no sabe, debe callarse. Si los nombres no se corrigen, el lenguaje carece de objeto. Cuando el lenguaje carece de objeto, no puede llevarse a cabo ningún asunto. Cuando no puede llevarse a cabo ningún asunto, languidecen los ritos y la música. Cuando los ritos y la música languidecen, los castigos y las penas equivocan su blanco. Cuando los castigos y las penas equivocan su blanco, las personas no saben dónde están. Por ello, un caballero debe ser capaz de expresar cualquier cosa que conciba y debe ser capaz de hacer cualquier cosa que diga. En el tema del lenguaje, un caballero no deja nada al azar.

13.4. Fan Chi rogó a Confucio que le enseñase agronomía. El Maestro respondió: "Mejor pídeselo a un viejo campesino." Fan Chi le rogó entonces que le enseñase horticultura. El Maestro respondió: "Mejor pídeselo a un viejo horticultor." Cuando Fan Chi se fue, el Maestro comentó: "¡Qué hombre más vulgar! Si sus mejores cultivan los ritos, el pueblo no se atreverá a ser irrespetuoso. Si sus mejores cultivan la justicia, el pueblo no se atreverá a desobedecer. Si sus mejores cultivan la buena fe, el pueblo no se atreverá a ser mentiroso. A un país así, la gente acudiría en masa de todas partes con sus bebés arropados en la espalda. ¿Para qué sirve la agronomía?"

13.5. El Maestro dijo: "Imaginad a un hombre que puede recitar los trescientos *Poemas,* le dais un cargo, pero no está a la altura de la tarea; le enviáis al extranjero en una misión diplomática, pero es incapaz de un simple intercambio de réplicas ingeniosas. ¿Para qué sirve entonces todo ese vasto aprendizaje?".

13.6. El Maestro dijo: "Cuando él (el soberano) es recto: las cosas marchan por sí mismas, sin necesidad de emitir órdenes. Cuando él (el soberano) no es recto: tiene que multiplicar las órdenes que de todos modos no son seguidas."

13.7. El Maestro dijo: "En política, los estados de Lu y Wei son hermanos."

13.8. El Maestro comentó sobre el príncipe Jing de Wei: "Sabe cómo vivir. En cuanto empezó a ser un poco próspero, dijo: "Esto es muy apropiado."

Cuando su riqueza aumentó, dijo: "Es muy cómodo." Cuando su riqueza se hizo considerable, dijo: "Es espléndido".

13.9. El Maestro iba de camino hacia Wei y era Ran Qiu quien conducía el carruaje. El Maestro comentó: "¡Cuánta gente!" Ran Qiu preguntó: "Cuando hay mucha población, ¿qué debe hacerse?" —"Enriquecerla." —"Y una vez que es rica, ¿cuál es el siguiente paso? — "Educarla."

13.10. El Maestro dijo: "Si un soberano pudiera emplearme, en un año haría que las cosas funcionaran y en tres años se verían los resultados."

13.11. El Maestro dijo: ¡Cuán verdad es el siguiente dicho!: "Cuando buenos hombres han gobernado el país durante cien años, puede superarse la crueldad y extirparse el crimen".

13.12. El Maestro dijo: "Incluso con un rey sabio, se necesitaría toda una generación para que prevaleciera la humanidad."

13.13. El Maestro dijo: "Si un hombre puede conducir su vida rectamente, las tareas del gobierno no serían problema para él. Si no puede conducir su propia vida con rectitud, ¿cómo podría conducir rectamente a los demás?"

13.14. Cuando Ran Qiu acababa de regresar de la corte, el Maestro le preguntó: "¿Qué te mantuvo allí tanto tiempo?" Ran Qiu respondió: "Había asuntos de Estado por resolver." El Maestro comentó: "Querrás decir asuntos privados. Si hubiera habido asuntos de Estado, habría sabido de ellos, aunque ya no esté en el gobierno."

13.15. El duque Ding preguntó: "¿Hay alguna sola máxima que pueda asegurar la prosperidad a un país?" Confucio respondió: "Las simples palabras no pueden lograrlo. No obstante, existe un dicho: "Es difícil ser príncipe, no es fácil ser súbdito." Una máxima que pudiera hacer entender al soberano la dificultad de su tarea estaría cerca de asegurar la prosperidad del país." "¿Existe una sola máxima que pueda arruinar a un país?" Confucio respondió: "Las simples palabras no pueden lograrlo. No obstante, existe un dicho: "El único placer de ser príncipe es no tener que padecer nunca la contradicción."Si tienes razón y nadie te contradice, está bien; pero si estás equivocado y nadie te contradice, ¿no es éste un ejemplo de "una sola máxima que puede arruinar a un país?".

13.16. El gobernador de She preguntó a Confucio sobre el gobierno. El Maestro respondió: "Haz feliz a la población local y atrae emigrantes de lejos."

13.17. Cuando Zixia era magistrado de Jufu, preguntó sobre política, y el Maestro dijo:
"No intentes acelerar las cosas. Ignora las pequeñas ventajas. Si aceleras las cosas, no alcanzarás tu meta. Si persigues las pequeñas ventajas, las grandes empresas no darán su fruto."

13.18. El gobernador de She declaró a Confucio: "Entre mis súbditos hay un hombre con una integridad a toda prueba: cuando su padre robó una oveja, lo denunció." Confucio comentó: "Entre mi gente, los hombres íntegros hacen las cosas de una forma diferente: el padre encubre al hijo, el hijo encubre al padre y hay integridad en lo que hacen."

13.19. Fan Chi preguntó sobre la humanidad. El Maestro respondió: "Sé cortés en la  vida privada; reverente en la vida pública; leal en las relaciones personales. Incluso entre los bárbaros, no te apartes de esta actitud."

13.20. Zigong preguntó: "¿Qué hay que hacer para merecer ser llamado caballero?" El Maestro respondió: "Aquel que se comporta con honor y, cuando se le envía en misión en las cuatro direcciones del mundo, no atrae la desgracia sobre su señor, merece ser llamado caballero."

"¿Y a continuación, si me atrevo a preguntar?" "Sus parientes alaban su piedad filial y los vecinos de su pueblo elogian la forma en que respeta a los ancianos."

"¿Y a continuación, si me atrevo a preguntar?" "Se puede confiar en su palabra; acaba todo lo que emprende. En esto, tal vez sólo muestre la obstinación de un hombre común, sin embargo, podría probablemente llamársele caballero de categoría inferior."

"A este respecto, ¿cómo calificarías a nuestros políticos actuales?"

"¡Ay de mí! ¡No merece siquiera mencionar a esos insignificantes!"

13.21. El Maestro dijo: "Si no puedo encontrar a personas que observen las convenciones para asociarme con ellas, me contentaré con los locos y los puros. Los locos se atreven a hacer cualquier cosa, mientras hay cosas que los puros nunca harán."

13.22. El Maestro dijo: "Las gentes del sur tienen un dicho: "Un hombre sin constancia no podría ser un

chamán." ¡Qué verdad más grande!".
Sobre la afirmación de *Los Cambios* "Tener fuerza moral sin constancia lleva al infortunio", el Maestro comentó: "No es necesario hacer un horóscopo para alguien así."

13.23. El Maestro dijo: "Un caballero busca la armonía, pero no el conformismo. Un hombre común, busca el conformismo, pero no la armonía."

13.24. Zigong preguntó: "¿Qué pensarías de un hombre que gustase a todos los vecinos de su pueblo?" El Maestro respondió: "No es suficiente."
—"¿Y si no gustase a ningún vecino de su pueblo?"
—"No es suficiente. Sería mejor si lo quisiera la buena gente y no lo quisiera la mala gente."

13.25. El Maestro dijo: "Es fácil trabajar para un caballero, pero no es fácil complacerlo. Si intentas complacerlo con actos inmorales, no estará complacido; pero nunca pide nada que esté más allá de vuestra capacidad.
No es fácil trabajar para un hombre común, pero es fácil complacerlo. Intenta complacerlo, incluso con un proceder inmoral, y quedará complacido; pero sus demandas no conocen limites."

13.26. El Maestro dijo: "Un caballero muestra autoridad, pero no arrogancia. Un hombre común muestra arrogancia, pero no autoridad."

13.27. El Maestro dijo: "La firmeza, la resolución, la simplicidad y el silencio nos acercan a la humanidad."

13.28. Zilu preguntó: "¿Cómo puede uno merecer ser llamado gran caballero?" El Maestro respondió:

"Quien muestra cordialidad y una atención exigente, merece ser llamado caballero. La atención exigente hacia los amigos y la cordialidad hacia los hermanos."

13.29. El Maestro dijo: "Se necesita ser enseñado por buenos hombres siete años antes de poder tomar las armas."

13.30. El Maestro dijo: "Enviar a alguien a la guerra que no ha sido apropiadamente instruido es mandarlo a la tumba."

**VOLUMEN VII. LIBRO 14 QUE SE REFIERE ESENCIALMENTE AL GOBIERNO Y A CIERTAS REGLAS.**

14.1. Yuan Xian preguntó acerca de la vergüenza. El Maestro respondió: "Cuando prevalece la Vía en el Estado, sírvelo. Servir al Estado que ha perdido la Vía, es sin duda vergonzoso."
"Quien se ha liberado de la ambición, de la presunción, del resentimiento y de la codicia, ¿ha llegado a la plenitud de la humanidad?"
El Maestro respondió: "Ha logrado algo difícil, pero si es la plenitud de la humanidad o no, no lo sé."

14.2. El Maestro dijo: "Un erudito que se preocupa de su bienestar material no merece ser llamado erudito."

14.3. El Maestro dijo: "Cuando en el Estado prevalece la Vía, hablad y actuad con integridad. Cuando el Estado ha perdido la Vía, actuad con integridad y hablad con mesura."

14.4. El Maestro dijo: "Un hombre virtuoso da siempre buenos consejos; un hombre que da buenos consejos no es siempre virtuoso. Un hombre bueno siempre es valiente; un hombre valiente no siempre es bueno."

14.5. Nangong Kuo preguntó a Confucio, diciendo: "Yi fue un buen arquero y Ao un buen marino; ninguno de los dos tuvieron una muerte natural. Yu y Ji araban la tierra y heredaron el mundo [¿cómo puede entenderse esto?]." El Maestro no respondió.
Cuando Nangong Kuo se marchó, el Maestro dijo:

"¡Qué caballero! ¡Este hombre valora realmente la virtud!".

14.6. El Maestro dijo: "No siempre los caballeros logran la plenitud de la humanidad. Los hombres mezquinos nunca la logran."

14.7. El Maestro dijo: "¿Acaso se puede hacer una excepción con aquellos a quienes se ama? ¿Puede la lealtad impedirle a uno amonestar?"

14.8. El Maestro dijo: "Siempre que había que redactar un edicto, Pi Chen hacía el primer borrador, Shi Shu lo revisaba, Ziyu, el Maestro del Protocolo, lo preparaba y Zichan de Dongli lo pulía dándole su forma final."

14.9. Alguien preguntó sobre Zichan. El Maestro respondió: "Era un hombre generoso."
"¿Y qué puedes decir de Zixi?" "Oh, ¡más vale no mencionarlo!" "¿Y qué puedes decir de Guan Zhong?" "¡Un hombre extraordinario! En Pian se apoderó de trescientos hogares del feudo de Bo. Este, aun reducido a comer pobremente hasta el final de sus días, nunca pronunció una sola palabra de queja contra él."

14.10. El Maestro afirmó: "Es difícil ser pobre sin resentimiento; es fácil ser rico sin arrogancia."

14.11. El Maestro dijo: "Meng Gongchuo está más que cualificado para el puesto de administrador en una gran familia, pero no está suficientemente cualificado para ser ministro de un pequeño estado."

14.12. Zilu preguntó cuál era la definición de un

"hombre realizado". El Maestro respondió: "Alguien que tiene la sabiduría de Zang Wuzhong, el desapego de Gongchuo, el valor de Zhuangzi de Bian y el talento de Ran Qiu, y que puede armonizar estas cualidades con los ritos y la música, puede ser considerado un hombre realizado." Despúes añadió:
"Hoy día, puede calificárselo así con menos: quien no pierde su sentido de la justicia a la vista del beneficio, quien está siempre dispuesto a entregar su vida en medio del peligro y quien mantiene su palabra a lo largo de las tribulaciones puede también ser considerado un hombre realizado."

14.13. El Maestro preguntó a Gongming Jia sobre Gongshu Wenzi: "¿Es verdad que tu maestro nunca hablaba, nunca reía ni tomaba ninguna cosa?" Gongming Jia respondió:
"Quienes te dijeron esto exageraban. Mi maestro hablaba sólo en las ocasiones apropiadas, y así nadie pensaba que hablaba demasiado; se reía sólo cuando estaba alegre, y así nadie pensó nunca que se reía demasiado; tomaba sólo su justa recompensa, y así nadie pensó nunca que tomaba demasiadas cosas." El Maestro dijo: "Oh, ¿fue así? ¿Pudo realmente haber sido así?"

14.14. El Maestro dijo: "Zang Wuzhong tras ocupar Fang, pidió que Lu lo reconociera como un feudo hereditario. Diga lo que se diga, no puedo creer que no ejerciera presión sobre su señor."

14.15. El Maestro dijo: "El duque Wen de Jin era sutil, pero no era recto; el duque Huan de Qi era recto, pero no sutil."

14.16. Zilu dijo: "Cuando el duque Huan mató al

príncipe Jiu, uno de los tutores del príncipe, Shao Hu, murió con él, pero el otro, Guan Zhong, escogió vivir. ¿Podria decirse que no era suficientemente virtuoso?" El Maestro respondió: "Si el duque Huan fue capaz de reunir nueve veces todos esos estados, no fue por la fuerza de sus ejércitos, sino gracias a la autoridad de Guan Zhong. ¡Tal era su virtud!, ¡tal era su virtud!"

14.17. Zigong preguntó: "¿No era Guan Zhong un hombre sin principios? Después de que el duque Huan matara al príncipe Jiu, no sólo escogió vivir, sino que además se convirtió en ministro del asesino." El Maestro respondió: "Al servir como ministro al duque Huan, Guan Zhong impuso su autoridad sobre todos los estados y estableció el orden en todo el mundo; aún hoy día, la gente se beneficia de sus iniciativas. Sin Guan Zhong, no habría sino salvajes despeinados plegando sus túnicas del lado erróneo. Ahora bien, ¿preferirías que, como un infeliz que ha perdido el juicio, se ahorcara al borde de una zanja y que desapareciera sin que nadie lo advirtiese?"

14.18. Zhuan, el administrador de Gongshu Wenzi, gracias a éste, fue promovido junto a él al cargo de ministro. Al oír esto, el Maestro comentó: "Gongshu realmente mereció el título póstumo del *Civilizado*".

14.19. Cuando el Maestro afirmó que el duque Ling de Wei carecía de principios, el señor Kang preguntó: "En este caso, ¿cómo es que no ha perdido su estado?" Confucio respondió: "Porque tiene a Kong Yu a cargo de los asuntos exteriores, a Zhu Tuo a cargo del culto de los antepasados y a Wangsun Jia a cargo del ejército. En estas circunstancias, ¿cómo puede perder su estado?"

14.20. El Maestro dijo: "Una promesa hecha a la ligera es difícil de cumplir."

14.21. Cuando Chen Heng mató al duque Jian de Qi, Confucio hizo su ablución ritual, acudió a la corte, se presentó al duque Ai de Lu y le dijo: "Chen Heng ha matado a su príncipe. Os ruego que lo castiguéis." El duque respondió: "Informa a los Tres Señores.
Confucio comentó: "Sólo porque tengo un cargo oficial me sentí obligado a informar, pero mi príncipe se limitó a decir: "Informa a los Tres Señores".
Confucio acudió a informar a los Tres Señores, pero éstos se negaron a intervenir.
Confucio comentó: "Sólo porque tengo un cargo oficial me sentí obligado a informar."

14.22. Zilu preguntó sobre cómo servir a un príncipe. El Maestro respondió: "Dile la verdad, aunque ésta lo ofenda."

14.23. El Maestro dijo: "Un caballero aspira a la benevolencia, un hombre común aspira a los bienes materiales."

14.24. El Maestro dijo: "En la Antigüedad las personas estudiaban para mejorar. Hoy día, estudian para impresionar a los demás."

14.25. Qu Boyu envió un mensajero a Confucio. Después de haberlo invitado a sentarse, Confucio le preguntó: "¿Cómo está tu señor?" El mensajero respondió: "Mi señor desea cometer menos errores, pero todavía no lo ha logrado."
Cuando el mensajero se marchó, el Maestro comentó: "¡Qué buen mensajero!, ¡qué buen mensajero!"

14.26. El Maestro dijo: "Quien no tenga un cargo en el gobierno, no discute su política."
El maestro Zeng comentó: "Ningún caballero debería considerar lo que está por encima de su puesto."

14.27. El Maestro dijo: "Un caballero debería avergonzarse si sus obras no están a la altura de sus palabras."

14.28. El Maestro dijo: "Un caballero se rige por tres principios que yo soy incapaz de seguir: su humanidad desconoce la ansiedad; su sabiduría carece de dudas; su valor desconoce el miedo." Zigong comentó: «Maestro, acabas de hacer una descripción de ti mismo."

14.29. Zigong criticaba a los demás, y el Maestro dijo: "Zigong debe ya haber alcanzado la perfección, lo cual le deja un tiempo del que yo carezco."

14.30. El Maestro dijo: "No es vuestro anonimato lo que debe perturbaros, sino vuestra incompetencia."

14.31. El Maestro dijo: "No prever el engaño ni sospechar la mala fe, pero ser capaz de detectarlos inmediatamente, eso es sin duda sagacidad."

14.32. Weisheng Mu dijo a Confucio: "¡Oye, tú!, ¿qué es lo que hace que vayas continuamente de un lado a otro? ¿Es para mostrar lo lista que es tu lengua?" Confucio respondió: "Yo no me jacto de tener una lengua inteligente, simplemente detesto la testarudez."

14.33. El Maestro dijo: "El famoso caballo Ji era apreciado no por su fuerza física, sino por su fuerza interna."

14.34. Alguien preguntó: "¿Qué piensas de devolver bondad por odio?" El Maestro respondió: "¿Y con qué devolverás la bondad? Más vale devolver justicia por odio, y bondad por bondad."

14.35. El Maestro dijo: "¡Nadie me entiende!" Zigong preguntó: "¿Por qué no te entiende nadie?" El Maestro respondió: "Yo no acuso al Cielo, ni culpo a los hombres; aquí abajo estoy aprendiendo y ahí arriba se me está escuchando. Si soy comprendido, debe ser por el Cielo."

14.36. Gongbo Liao calumnió a Zilu ante Ji Sun. Zifu Jingbo informó de esto a Confucio, diciendo: "El buen nombre de mi señor ha sido echado por tierra por Gongbo Liao, pero todavía tengo poder para hacer que se exponga su pellejo en la plaza del mercado. El Maestro dijo: "Si es la voluntad del Cielo, la verdad prevalecerá; si es la voluntad del Cielo, la voluntad perecerá. ¿Qué puede Gongbo Liao contra la voluntad del Cielo?"

14.37. El Maestro dijo: "La máxima sabiduría consiste en evitar el mundo; a continuación, evitar ciertos lugares; después, evitar ciertas actitudes; por último, evitar ciertas palabras."
El Maestro dijo: "Siete hombres lo lograron."

14.38. Zilu permaneció toda la noche junto a la Puerta de Piedra. El guardián le preguntó: "¿De dónde eres?" Zilu respondió: "Pertenezco al hogar de Confucio."
—"Oh, ¿es ése que persigue lo que sabe que es imposible?"

14.39. El Maestro estaba tocando las campanas de

piedra en Wei. Un hombre que pasaba frente a su puerta llevando una canasta comentó: "¡Realmente pone su corazón en su música!" Poco después, sin embargo, añadió: "¡Qué ordinario, ese insignificante tintineo! ¡Si el mundo te ignora, que así sea! Si el agua del vado es profunda, atraviésalo vestido; si el agua es poco profunda, levanta el borde de tu túnica." El Maestro exclamó: "¡Qué intrepidez! No tengo nada que decir."

14.40. Zizhang dijo: "En los *Documentos* está escrito: Cuando el rey Gaozong estaba guardando duelo por su padre, no habló durante tres años. ¿Qué significa esto?" El Maestro respondió: "No es necesario destacar el caso del rey Gaozong, en la ntigüedad todos lo hacían. Tras la muerte de un soberano, durante tres años, todos los funcionarios que habían sido nombrados por él permanecían en su puesto y seguían las órdenes de su primer ministro."

14.41. El Maestro dijo: "Un pueblo es fácilmente gobernado cuando sus superiores cultivan las costumbres sociales."

14.42. Zilu preguntó qué es lo que hace a un caballero. El Maestro respondió:
"Cultivando su virtud, extiende la paz a sus vecinos."
—"¿Eso es todo?" —"Cultivando su virtud, expande su paz a todo el mundo; incluso Yao y Shun no podrían haberse puesto un objetivo más alto."

14.43. Yuan Rang estaba sentado esperando con las piernas [arrogantemente] abiertas.
El Maestro dijo: "Un joven que no respeta a sus mayores no llegará a nada cuando crezca, e incluso intentará esquivar la muerte cuando llegue a la vejez;

es un parásito." Y le golpeó en las espinillas con su bastón.

14.44. Un muchacho del pueblo de Que fue empleado como mensajero de Confucio.
Alguien preguntó sobre él: "¿Está haciendo algún progreso?" El Maestro respondió: "Por lo que puedo ver, cuando observo cómo escoge un sitio para sí o camina adelantando a personas mayores que él, lo que le interesa, al parecer, no es progresar, sino llegar rápidamente [tener éxito]."

# VOLUMEN IX. LIBRO 19 QUE SE REFIERE AL BUEN GOBIERNO

19.1. Zizhang dijo: "Cuando afronta el peligro, un caballero está preparado para dar su vida; la perspectiva de provecho no le hace olvidar lo que es justo; cuando celebra sacrificios, lo hace con piedad; cuando está de duelo, expresa su pesar. ¿Qué más se puede desear?"

19.2. Zizhang dijo: "Si un hombre acepta la virtud sin demasiada convicción y sigue en la Vía sin demasiada determinación, ¿podríamos realmente decir que está realmente aceptando la virtud y siguiendo la Vía?"

19.3. Los discípulos de Zixia preguntaron a Zizhang sobre la relación social. Zizhang les preguntó a su vez: "¿Qué es lo que os dijo Zixia?" Ellos respondieron: "Zixia dijo: "Uniros a las personas adecuadas y evitar las que no lo son"." Zizhang comentó: "A mí se me enseñó algo diferente: un caballero respeta a los sabios y tolera a los mediocres; alaba a los buenos y tiene compasión por los incapaces. Si tengo una gran sabiduría, ¿a quién no toleraría? Si no tengo una gran sabiduría, las personas me evitarán; ¿cómo podría entonces evitarlas yo a ellas?

19.4. Zixia dijo: "Incluso las disciplinas menores tienen sus méritos; pero quien tiene ante sí un largo viaje teme los cenagales, y por esta razón es por lo que un caballero no toma caminos poco frecuentados."

19.5. Zixia dijo: "Quien día tras día recuerda lo que todavía tiene que aprender, y mes tras mes no olvida lo que ya ha aprendido, es realmente alguien a quien le apasiona el conocimiento."

19.6. Zixia dijo: "Amplía lo que aprendes y mantente en tu propósito; investiga de cerca y reflexiona sobre las cosas que están a mano. Entonces encontrarás la plenitud de tu humanidad."

19.7. Zixia dijo: "Los cien artesanos viven en sus talleres para perfeccionar sus artesanías. Un caballero continúa aprendiendo para alcanzar la verdad."

19.8. Zixia dijo: "Un hombre del vulgo siempre intenta encubrir sus errores."

19.9. Zixia dijo: "Un caballero produce tres tipos de impresiones: si lo miráis de lejos, parece severo. Si os acercáis, es amistoso. Si oís lo que dice, es incisivo."

19.10. Zixia dijo: "Un caballero gana primero la confianza de su gente y después puede movilizarla. Sin esa confianza, ésta se puede sentir utilizada. Primero gana la confianza de su príncipe y después puede presentarle críticas. Sin esta confianza, el príncipe puede sentir que está siendo calumniado."

19.11. Zixia dijo: "Los principios esenciales no deben transgredirse. Los principios secundarios permiten algún compromiso."

19.12. Ziyu dijo: "Los discípulos y los seguidores jóvenes de Zixia pueden desenvolverse bien siempre que sólo se les pida limpiar y barrer el suelo, abrir la puerta, saludar y despedir. Pero éstas son simples minucias. Cuando se trata de asuntos fundamentales, están totalmente perdidos. ¿Cómo es esto posible?"

Al oír esto, Zixia respondió: "¡No! Ziyu está absolutamente equivocado. En la doctrina del caballero, ¿qué es lo primero que debe enseñarse y qué es lo menos importante? Ocurre lo mismo que con las plantas y los árboles: hay muchas variedades adecuadas para diferentes lugares. En la doctrina de los caballeros, ¿cómo puede haber algo inútil? No obstante, sólo un sabio virtuoso seria capaz de aceptarla de principio a fin."

19.13. Zixia dijo: "El tiempo libre de la política debe dedicarse al conocimiento. El tiempo no dedicado a aprender debe dedicarse a la política."

19.14. Ziyu dijo: "El duelo debe de expresar el pesar y detenerse ahí."

19.15. Ziyu dijo: "Mi amigo Zizhang es un hombre de una extraordinaria capacidad, pero no ha alcanzado la plenitud de la humanidad."

19.16. El maestro Zeng dijo: "Zizhang toma demasiado espacio; no es fácil cultivar la humanidad a su lado."

19.17. El maestro Zeng dijo: "Yo aprendí lo siguiente del Maestro: cuando un hombre revela su verdadero ser, es cuando está haciendo el duelo por sus padres."

19.18. El maestro Zeng dijo: "Yo aprendí lo siguiente del Maestro: si hay algún aspecto de la piedad filial del señor Meng Zhuang que es inigualable, es la forma en que retuvo a los vasallos de su padre y mantuvo su política."

19.19. La familia Meng nombró como juez a Yang Fu.
Yang Fu pidió consejo al aestro
Zeng. Este dijo: "Las autoridades han perdido la Vía;
el pueblo ha estado durante mucho tiempo sin guía.
Cada vez que resuelvas un caso, hazlo con compasión
y no con un sentimiento de victoria."

19.20. Zigong dijo: "Zhouxin no fue tan malo como
su reputación. Por esta razón es por lo que un
caballero detesta seguir la corriente de la opinión
pública: toda la suciedad del mundo flota en ella".

19.21. Zigong dijo: "El error de un caballero es como
un eclipse solar o lunar. Comete un error, y todo el
mundo lo advierte; corrige su error, y todo el mundo
lo admira."

19.22. Gongsun Chao de Wei preguntó a Zigong:
"¿De quién ha sacado su conocimiento Confucio?"
Zigong respondió: "La Vía del rey Wen y del rey Wu
nunca cayó en el olvido y siempre permaneció viva
entre la gente. El sabio retuvo su esencia, el ignorante
retuvo unos pocos detalles. Ambos tenían elementos
de la Vía del rey Wen y del rey Wu. No hay nadie de
quien nuestro Maestro no haya podido aprender algo;
y no hay nadie que haya podido ser maestro exclusivo
de nuestro Maestro."

19.23. Shusun Wushu comentó a algunos ministros
cuando estaba conversando en la corte: "Zigong es
mejor que Confucio." Zifu Jingbo se lo comunicó a
Zigong, y éste comentó: "[El conocimiento] es como
un muro alrededor: la altura de mi muro sólo alcanza
hasta el hombro; de una sola mirada, cualquiera que
pase puede ver la belleza del edificio que hay dentro.

El muro de nuestro Maestro es cien veces más alto que el tamaño de un hombre; a menos que se nos permita pasar por la puerta, no podéis imaginar el esplendor y la riqueza de este templo ancestral y de las cien estancias que hay dentro. ¡Pero pocos son aquellos a quienes se da acceso! La observación de tu maestro no es por ello sorprendente."

19.24. Cuando Shusun Wushu difamó a Confucio, Zigong comentó: "No importa, ya que esto no puede alcanzarlo. Los méritos de otros son como una colina por la que puedes caminar, pero Confucio es como el Sol o la Luna, sobre los que no puedes saltar. ¿Si alguien quisiera evitar su luz, podría esto afectar al Sol o a la Luna? Lo único que conseguiría es manifestar su propia locura."

19.25. Chen Ziqin dijo a Zigong: "Eres demasiado modesto; ¿en qué aspecto puede considerarse a Confucio superior a ti?" Zigong respondió: "Con una sola palabra, un caballero revela su sabiduría; con una sola palabra, revela su ignorancia, y es por esto por lo que las mide cuidadosamente. Los logros del Maestro no pueden igualarse, al igual que no puede subirse al cielo con una escalera. Si se le hubiera confiado al maestro el gobierno de un país o de una hacienda, podría haber realizado el dicho: "Los elevó, y subieron; los condujo, y caminaron; les ofreció paz, y acudieron a él en tropel; les movilizó, y se hicieron eco de su llamada; en vida fue glorificado; su muerte fue llorada." ¿Cómo podrían igualarse jamás sus logros?"

# OTRAS OBRAS DEL AUTOR

El Código Ético y Moral de Confucio
Calixto Lopez
Rosalia Rouco

# EL CÓDIGO EDUCATIVO DE CONFUCIO

Calixto López
Rosalía Rouco

CONFUCIO PARA CONFUSOS
480 AFORISMOS DE CONFUCIO
CALIXTO LÓPEZ

CALIXTO LÓPEZ HERNÁNDEZ
CONFUCIO
VS.
MAQUIAVELO

Un Réquiem para
Maquiavelo
Calixto López Hernández

# BIBLIOGRAFÍA


Adler, J. (2011). *Confucianism in China Today.* Pearson Living Religions Forum New York April 14, 2011.

Aguilar, J. (2010*). Los cuatro libros clásicos del Confucianismo: una lectura económica.* Rev. Empresa y Humanismo Vol. XIII, 2/10, pp. 13-40.

Arnaiz, Ch. (2014). *Confucianismo, Budismo y la Conformación de valores en China.* Inst. Gino Germani. Nov. 2014.

Ataide y Portugal. Librería del Castillo. (1802). *Vida y pensamientos morales de Confucio.* (Old Classic).

Bailey, P. (2001). *China in the Twentieth Century.* Editor digital: Betatron (2001).

Balazs, E. (1975). *La burocracia celeste; historia de la China imperial.* Barcelona, Seix Barral, 1975.

Bauer, W. (2006).*Geschichte der chinesischen Philosophie.* Hans van Ess. 2006.

Bedi, S. (2009). *Rejecting Rights.* Cambridge University Press 2009.

Botton, F. (2000). *China: Su historia y cultura hasta 1800.* México, D.F. El Colegio de México.

Capra, F. (2005). *El Tao de la Física. Una exploración de los paralelismos entre la física moderna y el misticismo oriental,* Editorial Sirio,

Barcelona. 2005.

Carrasco, M. (2011). *Confucio y la Educación*. CHIR Nº 67, 01 de Octubre de, 2011.

Cham, S. (2004). *Liberalism, Democracy and Developmen*. Cambridge University Press.

Cheng, A. (2011), *Virtue and Politics: Some conceptions of sovereignty in Ancient China*, Journal of Chinese Philosophy, No. 38, pp. 113-145.

Cheng, Chung-Ying. (2011). *New Confucianism as a Philosophy of Humanity and Governance*. Journal of Chinese Philosophy, No. 38, pp. 1 y 2.

Creel-Herrle. (1976), *El pensamiento chino desde Confucio hasta Mao Tze Tung*. Edit. Alianza, Madrid.1976.

Colegio de México. (2002). *La interpretación Ricciana del Confucianismo*. Estudios de Asia y África, Vol. XXVII, núm. 2, mayo-agosto, 2002, pp. 211-239. El Colegio de México, A.C.

Confucio. (1998). *Los cuatro libros de la sabiduría*, Edicomunicación S.A., España, 1998.

Confucio. (2014). *Los cuatro libros*. Traducción y notas. J. Arroyo. PAIDÓS, Barcelona (2014).

Confucio. (1997*). Analectas*. Traducción, edición y notas A. Suárez, Madrid: Kairós.

Confucio. *El TAO-HIO o Gran Estudio*. Texto de Confucio y Comentario de Thseng-Tseu.

Dawson, R. et al. (1967). *El legado de China*. Edit. Pegaso, Madrid, 1967.

De Bary, W. (1998). *Confucianism and Human Rights. Introduction* In De Bary William T., y Weiming, Tu (eds.), Nueva York: Columbia University Press, pp. 1-26.

De Prada, A. (2013). *Confucianismo y Democracia: Ciudadanos, príncipes, individuos*. Universidad Rey Juan Carlos. ISEGORÍA. Revista de Filosofía Moral y Política. Nº 49, julio-diciembre, 2013, 615-627.

Doval, G. (2011): *Breve historia de la china milenaria*, Madrid, Nautilus.

Feldherr, A. and G. Hardy. (2011). *The Oxford history the historical Writing*. Vol 1. Beginnings to BC 600. Oxford University Press.

Ferrater, J. (1954). *Diccionario de Filosofía*. T I. 5ta. Edic, Editorial Sudaméricana.

Folch, D. (2001). La *construcción de China. El período formativo de la civilización china*. Península/Atalaya, Barcelona 2001.

Franke, H. y R. Trauzettel (1973). *El imperio chino*. Trad.: M. Moya. Siglo XXI, Madrid, 1973.

Fung, Y. (1997). *A short history of Chinese Philosophy*. Nueva York, Free Press.

García, I. (2017). *Confucio y el mundo que viene*. Documento Análisis, ieee.es 24/2017

Granet, M. (1959). *El pensamiento chino*. Trad. V. Clavel. Edit.UTEHA, Mexico 1959.

Grousset, R. (1958). *Historia de la China*. Edit. Caralt, Barcelona. 1958.

Guirao, P. (1927). *El evangelio de Confucio (Analectas de Confucio)*. Barcelona, 1927.

Hang, L. (2011). *Traditional Confucianism and its Contemporary Relevance*, Asian Philosophy, 21(4), pp. 437-445.

Höffe, O. (2003) *Breve historia ilustrada de la filosofía*. Ediciones Península, Barcelona.

Hucker, Ch. (1975). *China's Imperial Past: An Introduction to Chinese History and Culture*. Stanford University Press, 1975.

John Parratt. Edit. (2004). *An Introduction to Third World Theologies*. Edit. Cambridge University Press

KAILAS (2014). *Analectas Confucio*. Kailas Edit. Junio 2014.

Kung, H. (1991). *Proyecto de una ética mundial*. Edit. Trotta, Madrid, 1991.

Kung-Kuan, J. (1965). *Confucio educador*. Diana, artes Gráficas, 1965.

Lau, D. (1979). *Lún Yu, Confucius, The Analects*. Penguin Books. 1979.

Lao Zi (1981). El libro del Tao, Alfaguara, Madrid.

Lemus, D. (2014), *Confucianismo como humanidad: Claves para complementar la modernidad*. México y la Cuenca del Pacífico. Sept.-Dic. (2014).

Leys, S. (1998). *Confucio: Analectas, versión y notas*. EDAF. Madrid.

Li-Jing. *Clásicos chinos Confucianos de la Antigüedad*. Tratado de los ritos. Vol I   (libros 1-8).

Liqing, Q.  and M.  Shangchao. (2009). *A Study on Confucius' Views on Language Functions*. Polyglossia Vol. 16, February 2009.

López, C. y R. Rouco. (2016). *Confucio para Confusos*. Amazons KDP Publishing, Junio de 2016. ISBN 978-1521322444.

López, C. y R. Rouco. (2016*). El Código ético y moral de Confucio*. Amazons KDP Publishing, Diciembre de 2016. ISBN 978-1520894621.

López, C. and R. Rouco. (2016). *The Ethical and Moral Code of Confucius*. Amazons KDP Publishing. Dec. 2016. 978-1726796125

López, C. y R. Rouco. (2017). *El código educativo de Confucio*. Amazons KDP Publishing, ISBN 978-1521018101.

López, C. (2017). *El triángulo de Confucio*. Amazons KDP Publishing, ISBN-13: 978-1521425923

López, C. (2018). *Confucio Vs. Maquiavelo*. Amazons

KDP Publishing. Enero de 2018. ISBN 978-1976895937.

McGraw Hill. (2001). Gran Diccionario Enciclopédico Ilustrado. Edit. McGraw Hill Interamericano.

McLeisk K. Edit. (1993). *Key Ideas in Human*. Thought Library of Congress Cataloging in Publication Data. New York. 1993.

Menander, Dawson Miles, (1915). *The Ethics of Confucius*. Whith A Foreword by Wu Ting Fang. G. P. Putnam's Sons. The knickerborker {press). New York and London (1915).

Peerenboom, R. (1998). *Confucian Harmony and Freedom of Thought*. In De Bary William T., y Weiming, Tu (eds.), Confucianism and Human Rights, Nueva York: Columbia University Press, pp. 234-260.

Perceval, J. y J. Fornieles. (2008). *Confucio contra Sócrates*. Análisis 36: 213-224

Pérez Arroyo. (2006). *Confucio*. Ediciones RBA, Barcelona. 2006

R.A.E. Diccionario de la Real Academia Española.

Robert Audi. Edit. (1999). *The Cambridge Dictionary of Philosophy*. Second Edition. Edit..Cambridge University Press. 1999.

Ronan C. (1978). *The Shorter Sciense and Civilisation in China* Vol 1. Cambridge University

Press.

Schleichert, H. y H. Roetz. (2013). *Filosofía china clásica*. Traducción de A. Peñataro. Herder, Barcelona 2013.

Stratern, P. (2004). *Confucio en 90 minutos*. Casa del libro, España.

Ted Honderich. Edit. (2005). *The Oxford Companion of Philosophy*. Second Edition. Oxford University Press. 2005.

Tu, W. (1998). *Confucius and Confucianism*. In Slote, Walter H., and Devos, George A. (eds.), Confucianism and the Family, Nueva York: Suny Press, pp. 3-36.

Waley, A. (1938). *The Analects of Confucius*: George Allen & Unwin, Londres, 1938.

Wang Lei. (2007). *A study on Confucius' rectification of names*. Information of Culture and Education, 2: 92-93.

Watts, A. (1976). *El camino del Tao*. Kairos, Barcelona, 1976.

Wright, A. (ed.). (1960). *The Confucian Persuasion*. Stanford, Stanford University Press, 1960.

Wilhelm, R. *Confucio*. (1966). Trad.: A. García. Madrid, Madrid, 1966

Xinzhong Yao. (2000). *An Introduction to Confucianism*. Cambridge University Press. (2000).

Xinzhong Yao; (2001), *The Confucianism*. The Press Syndicate of the University of   Cambridge, 2001.

Yang, B. *Lunyu Yizhu*. (1958).   Pekín: Zhonghua Shuju 1958.

Zhang, T. and B.Schwartz. (1997). *Confucius and the Cultural Revolution: A Study in Collective Memory*, International Journal of Politics, Culture and Society, 11(2), pp. 189-211.

Zhao Z. (2014). *Confucio. Ética y Civilización*. Revista Co-herencia. V. 10 No. 20.  Enero-junio 2014. Medellín, Colombia.

# ÍNDICE